徐梦华　陈晓晴 著

县域少儿分级阅读的
服务理念、内容与案例

苏州大学出版社

图书在版编目（CIP）数据

县域少儿分级阅读的服务理念、内容与案例 / 徐梦华，陈晓晴著 . -- 苏州：苏州大学出版社，2024.12.
ISBN 978-7-5672-5034-5

Ⅰ．G252.17

中国国家版本馆 CIP 数据核字第 20246HL529 号

		Xianyu Shaoer Fenji Yuedu de Fuwu Linian、Neirong yu Anli
书	名	县域少儿分级阅读的服务理念、内容与案例
著 者		徐梦华　陈晓晴
责任编辑		倪浩文
出版发行		苏州大学出版社（Soochow University Press）
社　　址		苏州市十梓街 1 号　邮 编：215006
印　　刷		苏州市越洋印刷有限公司
邮购热线		0512-67480030
销售热线		0512-67481020
开　　本		787 mm×1092 mm　1/16　印张：15　字数：263 千
版　　次		2024 年 12 月第 1 版
印　　次		2024 年 12 月第 1 次印刷
书　　号		ISBN 978-7-5672-5034-5
定　　价		98.00 元

若有印装错误，本社负责调换
苏州大学出版社营销部　电话：0512-67481020
苏州大学出版社网址　www.sudapress.com
苏州大学出版社邮箱　sdcbs@suda.edu.cn

编委会

著者
徐梦华　陈晓晴

编委
张　丽	王学思	李　倩	许　晔	左　贞	吴　慧
叶　倩	张　悦	徐珂玮	李　平	李　烨	吴　洁
包维程	田明美	卢　茜	钱晨琦	孙　琦	袁珍华
黄亚芳	陈奕君	孙　俞	赵　欣	陆　慧	刘　敏

特别支持
张家港市文体广电和旅游局
张家港市全民阅读促进会

装帧设计
周八文艺

本课题系 2022 年度江苏省图书馆学会优秀课题（项目编号：22YB043）

开启阅读与成长的钥匙：
张家港市少儿分级阅读服务案例研究与启示

为每个孩子绘制个性化和有针对性的阅读成长轨迹，是我们能送给孩子们最珍贵的礼物之一。在这个充满智慧和成长梦想的主题中，张家港市图书馆对于县域少儿分级阅读服务的理念与实践，就显得格外有意义与启示价值。让我们跟随文字打开张家港市少儿阅读服务的魔力宝匣，一同品读张家港市少儿阅读服务的创新理念与典型案例，探寻其中的奇妙风景吧！

首先，在分众阅读的理论框架之下，全面规划少儿阅读服务的具体框架。通过建设独立建制的少儿馆，完善阅读服务体系，提供丰富多样的阅读资源和服务。同时，重视对不同年龄段儿童进行分龄、分众服务。借助独立建制的少儿馆，完善的阅读服务体系在这片土地上开出了绚丽多彩的阅读花朵。县域少儿分级阅读服务理念被广泛应用，让每个孩子都能享受到个性化和有针对性的阅读教育，引领他们的发展与成长。

其次，案例分享更具现实指导意义。全书将介绍张家港市少儿阅读服务的概况、具体内容和一些特色做法，并分享一些优秀案例。例如，宝贝启蒙行动，专门针对0—3岁的幼儿提供启蒙阅读服务，为他们的语言能力和认知能力助力，唤醒他们内心深处的智慧与想象力，激发阅读潜能，点亮未来。不仅如此，张家港市少儿阅读服务涵盖了不同年龄段的儿童，针对0—3岁的幼童有宝贝启蒙行动，针对其他不同年龄段儿童也有不同的重点阅读项目。宝贝启蒙行动专注于培养孩子的语言能力和认知能力，通过亲子阅读活动和启蒙图书的推荐，激发孩子对阅读的兴趣。在针对不同年龄段儿童的重点阅读项目中，注重根据孩子的年龄特点和阅读需求，推荐适龄的图书和阅读活动，从而帮助孩子全面发展。少儿馆中配置了独具匠心的指纹借阅系统，为低幼儿童提供便捷的阅读体验。中华优秀传统文化阅读体验活动，让孩子们与经典作品相约，感受中华文化的博大精深；将绘本融入儿童生活，让绘本故事如同甘甜果汁流动在孩子们的生活之中，激发其创造性的思维和无限幻想；"诗语少年"诗词进校园活动，通过诗歌的朗诵与创作，为孩子们点亮了一盏璀璨的文学明灯；"童话英雄榜"张家港市阅读100挑战赛，展现了城市独特的魅力和热情，书写了少儿阅读服务的精彩篇章。

再次，调动各方资源，为分众阅读服务保驾护航。张家港市建立了阅读推广人与民间阅读推广组织机制，形成了政府、图书馆、学校和社会组织共同推动少儿阅读的良好合力。文化小志愿者的招募活动为城市注入了志愿者们的热情与活力，不仅培养了志愿者的服务精神，还为孩子们提供了更多精彩的阅读引领。

构建少儿阅读服务体系，建设独立建制的少儿图书馆，致力于完善少儿阅读服务。通过分龄开展、分众服务，张家港市作为县域代表，实现了在分众阅读的实践中进行科学的阅读引导，满足孩子们的阅读需求。重视家庭阅读在低龄儿童阅读中的重要性，通过举办亲子阅读活动和家庭阅读培训，帮助家长与孩子共同享受阅读的快乐。

总之，张家港市少儿阅读服务不仅注重提供优质的阅读资源和服务，还积极探索特色做法，推动少儿阅读事业的发展，对于县域阅读服务更具示范性意义。激发孩子们的阅读潜能，点亮未来，他们的成功经验对其他地区的少儿阅读服务也提供了有价值和意义的借鉴和启示。

南京师范大学全民阅读研究中心主任、文学博士　万宇

目　录

第一章　少儿、少儿阅读与少儿阅读服务

002　一、少儿与少儿阅读
002　（一）少儿定义
004　（二）何为少儿阅读

007　二、少儿阅读服务
007　（一）少儿阅读服务的主体机构
009　（二）少儿阅读服务的对象
015　（三）少儿阅读服务的特点
022　（四）少儿阅读服务的趋势

第二章　张家港市少儿阅读服务开展的背景

030　一、在精神文明建设与"书香港城"建设的良好阅读环境中健康发展
030　（一）文明城市张家港——从改变城市面貌到传播精神文明
034　（二）从全民阅读到"书香港城"
040　（三）全民阅读对少儿阅读服务开展的推动
042　（四）张家港少儿阅读服务在"书香张家港"建设中的核心地位

045　二、在广泛开展的文化志愿服务提供的坚实人力保障中稳步发展
045　（一）张家港的志愿服务蔚然成风
046　（二）建立友爱港城网，规范张家港的志愿服务
048　（三）发展文化志愿服务，推广全民阅读
050　（四）建立少儿阅读服务的专业文化志愿团队

052　三、在政府主导、专家指导、部门推动、社会联动的科学理念推动下快速发展
052　（一）政府主导，积极创造全民阅读大环境
054　（二）专家指导，推动阅读科学发展
055　（三）部门推动，多方配合发展阅读
056　（四）社会联动，重视阅读力量的整合

第三章　张家港市少儿阅读服务开展的理念

060　一、张家港市少儿阅读服务开展的核心理念
060　（一）儿童本位理念
062　（二）儿童优先理念
064　（三）儿童利益最大化理念

067　二、张家港市少儿阅读服务开展的指导理念
067　（一）分级阅读
070　（二）动静结合
072　（三）环境激励
076　（四）出生即阅读
077　（五）培养阅读习惯，激发阅读兴趣

第四章　张家港市少儿阅读服务体系

082　一、少儿阅读主阵地和总指挥——张家港市图书馆与张家港市少年儿童图书馆
082　（一）张家港市图书馆概况
086　（二）张家港市少年儿童图书馆概况
087　（三）两馆在推进少儿阅读工作中的主要职能

089　二、少儿阅读服务网点——市图书馆镇（办事处）分馆与"五位一体"综合信息服务站

093　三、少儿阅读服务点补充——24小时图书馆驿站

096　四、少儿阅读服务的"图书馆+"扩充——幸福家长驿站、文教全面战略合作、小时候·绘本阅读联盟
096　（一）幸福家长驿站
098　（二）文教全面战略合作
099　（三）小时候·绘本阅读联盟

100　五、少儿阅读服务建设与发展的创新路径——城市益空间
100　（一）益空间·湖畔书房
101　（二）沙洲湖益空间·源书房
102　（三）益空间·森林书屋
102　（四）益空间·竹林童话书屋
103　（五）益空间·艺书房

第五章　张家港市少儿阅读服务的概况及具体内容

106　一、张家港市少儿阅读服务概况

108　二、张家港市少儿阅读服务的具体内容
- 108　（一）不同年龄段少儿阅读服务的具体内容
- 115　（二）不同年龄段儿童的重点阅读项目介绍

138　三、张家港市少儿阅读服务中的特色做法
- 138　（一）招募图书馆文化小志愿者
- 139　（二）配置符合低幼儿童的指纹借阅系统

142　四、张家港市少儿阅读服务的优秀案例剖析
- 143　（一）优秀案例一：中华优秀传统文化阅读体验活动
- 146　（二）优秀案例二："童话英雄榜"张家港市阅读 100 挑战赛
- 149　（三）优秀案例三：将绘本融入儿童生活
- 159　（四）优秀案例四："诗语少年"诗词进校园

第六章　张家港市少儿阅读服务的探索与体悟

166　一、构建少儿阅读服务体系，建设独立建制的少儿图书馆
- 166　（一）构建少儿阅读服务体系，完善少儿阅读服务
- 167　（二）建立独立建制的少儿图书馆，统筹指挥与总体指导

170　二、分龄开展，分众服务
- 170　（一）分龄与分众——少儿阅读服务的科学指导与依据
- 171　（二）张家港市少儿分龄阅读、分众服务的实践
- 171　（三）分众与分龄让张家港少儿阅读服务更科学

173　三、重视家庭阅读在低幼儿童阅读中的重要性
- 173　（一）家庭是低幼儿童阅读开始的地方
- 174　（二）用家庭阅读方式推动低幼儿童的阅读

175　四、公共图书馆的少儿阅读区别于其他机构
- 175　（一）公共图书馆的少儿阅读应去功利化
- 175　（二）公共图书馆少儿阅读的定位：引导、帮助、培训

第七章　民间阅读推动张家港市少儿阅读服务蓬勃开展

- 177　一、建立阅读推广人与民间阅读组织机制
- 193　二、张家港市优秀民间阅读推广组织、优秀阅读推广人、优秀阅读推广项目
- 193　（一）张家港市优秀民间阅读推广组织
- 199　（二）张家港市优秀阅读推广人
- 212　（三）张家港市优秀阅读推广项目

第八章　张家港市亲子阅读调查报告

- 216　一、研究缘起及设计思路
- 216　（一）研究背景与目的
- 217　（二）问卷设计思路

- 218　二、调查结果统计分析
- 218　（一）调查样本的基本情况
- 219　（二）家长对于亲子阅读的态度
- 220　（三）亲子阅读开展情况
- 223　（四）家长对儿童读物的选择
- 224　（五）家长在亲子阅读中遇到的问题
- 224　（六）亲子阅读中的公共图书馆利用情况

- 229　后记

第一章

少儿、少儿阅读与少儿阅读服务

在对少儿阅读服务进行研究前,需要对少儿、少儿阅读、少儿阅读服务三个主要概念有一个明晰的了解。

一、少儿与少儿阅读

少儿作为一类阅读群体,是不同于成年人的。正因为他们在阅读上呈现出的自身特色,使得少儿阅读独立于成人阅读之外,自成一个体系。

(一)少儿定义

少儿是少年儿童的简称,即少年+儿童的总合,两者以12岁为分界线,12岁以上为少年(含青少年),12岁以下为儿童。其中儿童又细分为婴儿(0—1岁)、蹒跚学步儿童(1—2岁)、学龄前儿童(3—5岁)、学龄儿童(6—12岁)四类。可以看出,这里的少儿是一个上位概念,是与未成年人画等号的,涵盖了18岁以下各个年龄段的群体。

何为未成年人?未成年人是与成人相对的一个概念,泛指在一定年龄段以下或未达到某一年龄段的群体。未成年人属于法律术语,对于它的界定多出自相关的法律条文。在我国,未成年人一般指的是未满18周岁的公民。《中华人民共和国未成年人保护法》中规定未成年人是指未满18周岁的公民,另一部关于未成年人保护的综合性专门立法《中华人民共和国预防未成年人犯罪法》中也将未成年人年龄上限界定为18周岁。对于未成年人的年龄上限,不同国家有不同的规定,联合国到目前为止还没有做出一个统一的规定,在拟定《联合国少年司法最低限度标准规则》时,提出未成年人的年龄限度取决于各国本身的法律制度。其中美国规定未满18周岁的为未成年人,日本规定未满20周岁的为未成年人,印度规定男性未满16周岁、女性未满18周岁的为未成年人。

未成年人按照生理和学龄年龄双层标准,可以区分为不同的群体。按照生理阶段划分,未成年人可以分为婴儿和蹒跚学步儿童(0—3岁)、学龄前儿童(3—6岁)、学龄儿童(6—12岁)、青少年(12—16岁或18岁)和青年人(16—18岁)几个不同阶段。其中儿童阶段的划分是以三个重要节点(1岁、3

岁和 6 岁）为分界线的，这三个节点既是儿童生理发育的重要分界，也是阅读发展的三个里程碑。德国联邦教育和研究部与阅读基金会联合实施的"阅读的三个里程碑"项目，就将 1 岁、3 岁和 6 岁作为里程碑式的节点，政府分别在这个时候向儿童及其家庭发放阅读礼包。国际图书馆协会联合会（以下简称"国际图联"）发布的《国际图联面向婴儿和蹒跚学步儿童的图书馆服务指南》将面向对象界定为 3 岁以下的婴儿和蹒跚学步儿童，其中两者之间的分界线为 12 个月（1 岁）。可见，1 岁、3 岁和 6 岁是儿童发展的关键节点。青少年是介于儿童和成年人之间的一类群体，泛指 12 岁以上、18 岁以下的未成年人，其中 16 岁是一个分界点，16—18 岁作为由青少年到成人的过渡阶段，被单独区分为一个小群体，这个阶段的孩子通常被称为"小大人"，他们还不是完全意义上的成人，也不愿被看成小孩子。

将 18 岁以下的未成年人按照生理年龄进行划分，可以区分为婴幼儿、儿童和青少年等阶段，也可以依据教育系统的划分方法，区分为幼儿园学生、小学生、初中生和高中生等阶段，由于教育体系在各个国家发展得比较规范，所以依

"一本书的奇妙旅程"公益微课

据教学年龄的划分，大众接受程度更高。

我国实行的是九年制义务教育，2006年修订后的《中华人民共和国义务教育法》规定："凡年满六周岁的儿童，其父母或者其他法定监护人应当送其入学接受并完成义务教育；条件不具备的地区的儿童，可以推迟到七周岁。"因此，一般将6岁作为小学入学年龄。小学通常学时6年，一般我们所说的小学生指的就是6岁至12岁这个年龄段的孩子。小学通常分为三个阶段：一年级、二年级叫低年级；三年级、四年级叫中年级；五年级、六年级叫高年级。中学是继小学之后的学校类型，这个阶段学生的年龄在11岁、12岁至17岁、18岁之间，中学又分为初级中学（简称"初中"）和高级中学（简称"高中"），就读时间各为3年，所以一般初中生的年龄为13岁至15岁，高中生年龄为16岁至18岁。在中国，6岁之前的儿童需要进学前教育机构学习，其中托儿所接纳3周岁以下的幼儿，幼儿园接纳3岁至6岁的儿童，这些统称"学前教育阶段"。按学龄划分，通常将未成年人这个群体分为学前教育阶段（托儿所与幼儿园）、小学阶段和中学阶段（初中阶段和高中阶段）。

（二）何为少儿阅读

在弄清少儿阅读这个概念前，我们首先应该明确什么是阅读。关于阅读的含义有不同的阐述：《教育大辞典》认为阅读是从书面语言获取文化科学知识的方法，是信息交流的桥梁和手段。《中国大百科全书》认为阅读是一种从印刷的或写的语言符号中取得意义的心理过程，阅读也是一种基本的智力技能，这种技能是取得学业成功的先决条件，它是由一系列的过程和行为构成的总和。《阅读学原理》认为阅读是读者从写的或印刷的书面材料中提取意义或情感信息的过程。从中可以看出，阅读是一个心理过程，是读者将书面的文字通过自身的识字积累和理解能力，投射到内心并加以吸收，从而获取知识和信息的过程。阅读是有难易之别、深浅之分的，是一个循序渐进的过程，伴随读者阅读能力的提升，阅读内容逐步深入。

古时的幼学启蒙就是从识字书开始的,"三百千"(《三字经》《百家姓》《千字文》)就是三部影响很大的识字教育启蒙读物。明代思想家吕坤曾说,初入社学,八岁以下者,先读《三字经》以习见闻,读《百家姓》以便日用,读《千字文》以明义理。可见古人已经意识到阅读的先后顺序了。朱自清在他的名作《经典常谈》的序中曾经说过,本书所谓经典是广义的用法,包括群经、先秦诸子、几种史书、一些集部。要读懂这些书,特别是经、子,得懂"小学",就是文字学。将懂文字列为读经的必要准备。《三字经》中"为学者,必有初,小学终,至四书"及"孝经通,四书熟,如六经,始可读",指出了由小学及四书到六经的阅读顺序。

少儿阅读是与阅读自身的这种由易及难、循序渐进的属性密切相关的,特指某一阶段、某一时期的阅读,简单来说就是孩子童年时期的阅读,这是相对于成人阅读而言的。少儿阅读可以看作阅读的初级阶段和起始阶段,是阅读逐步开展

张家港市图书馆城南分馆亲子共读场景

的基础和前提。这一阶段的阅读对孩子的一生影响很大，因为它与阅读习惯的养成和阅读兴趣的培养有着密切的关系，也关系到读者阅读能力的形成。儿童阶段的阅读不仅仅是文字阅读，更多的是以读图为主的阅读（绘本阅读），倾听父母朗读也是阅读的一种方式。现代儿童发展心理学研究已经表明，儿童智能的发展存在不同的敏感期或关键期。其中，2岁左右出现语言发展的敏感期，3岁半至4岁半会出现书写敏感期，而阅读敏感期则出现在4岁半至5岁半左右。它们之间相互关联、互相影响。在敏感期内，儿童学习相应的技能会比较容易，而一旦错过，就会出现学习障碍，甚至影响终生。很多家长认为孩子看书识字的过程就是阅读，其实并不完全是这么回事。儿童阅读不仅仅是孩子学习认字读书的过程，还是培养孩子兴趣，养成孩子良好的读书习惯的开始。除此之外，儿童阅读与成年人的阅读也有很大的区别。成年人主要通过视觉的方式来完成文字内容的阅读，形式比较单一。而儿童可以通过听觉及视觉来阅读文字、图画，而听成年人的语言、看大人的举动，其实也是一种阅读方式。美国塔夫茨大学儿童发展心理学教授、阅读与语言研究中心主任玛丽安娜·沃尔夫数十年来的研究显示，一个儿童聆听父母或其他亲人阅读（朗读）的时间长短，与他数年后的阅读水平有很大关系。可以看出，儿童阅读的开展离不开成人的陪伴和指导。中国儿童文学作家曹文轩认为，所谓儿童阅读，应当是在校长、老师以及有见地的家长指导乃至监督之下的阅读，即从阅读陪伴和阅读指导方面对少儿阅读进行界定，强调了少儿阅读与成人阅读的不同。

二、少儿阅读服务

少儿作为图书馆阅读的一类重要群体,在整个图书馆阅读服务中占有重要比例。这从儿童读者的借阅贡献率中可以窥见一斑。美国公共图书馆2002—2009年的调查显示公共图书馆中儿童图书的借阅量长期以来占据图书馆总借阅量的近1/3(在32.9%—35%之间波动)。少儿阅读服务形式多样、效果明显,已经成为图书馆开展阅读服务的重要进军领域。

(一)少儿阅读服务的主体机构

为少儿提供阅读服务的机构有图书馆、书店、私人阅读机构、绘本馆、妇女儿童活动中心、社区服务机构等。其中主体机构是以推广阅读、促进全民阅读为己任的图书馆。这里所说的图书馆包含学校图书馆和公共图书馆两类,这两类机构虽然在服务对象上存在重合,但又不完全一致,在服务范围、内容和侧重上两

张家港市图书馆综合借阅室

者存在差别。首先，公共图书馆服务的人群更加广泛，未成年人只是其服务的一类群体。其次，与学校图书馆相比，公共图书馆服务的未成年人群体更加广泛，它通常将学龄前儿童包含在内（包括婴儿和蹒跚学步儿童），国外的公共图书馆非常重视这类群体，将其作为服务的重点对象。因为相对于学龄儿童来说，这类群体有更多的时间光顾公共图书馆。学龄儿童每天大部分时间都要在学校度过（大约5—8小时），公共图书馆面对学龄儿童的服务多集中于某个片段时间，如放学后、周末、假期等，学龄前儿童则没有这种限制。再次，公共图书馆的服务更强调对孩子阅读兴趣和信息能力的培养，强调阅读的愉悦性。为了使孩子从小养成热爱读书的好习惯，为图书馆的未来培养更多的终身学习者和自主学习者，公共图书馆往往更注重对低幼儿童的服务，采取各种措施让其尽早接触图书馆，这种现象在国外尤为普遍。

我国一般将服务于少年儿童的图书馆称为"少儿图书馆"，也称"儿童图书馆"或"青少年图书馆"。《中国百科大辞典》对儿童图书馆的定义为以少年儿童为读者对象的图书馆，向少年儿童提供思想、文化、科学知识教育的社会机构。郑莉莉、罗友松、王渡江著的《少年儿童图书馆学概论》中将少年儿童图书馆（室）定义为拥有少年儿童阅读的图书，有一定的人员编制和房舍条件，专门为小学一年级至初中三年级（六七岁至十四五岁）少年儿童服务的图书馆（室），同时兼顾学龄儿童、高中学生与儿童工作者。1981年，国务院在有关文件中明确指出，少年儿童图书馆是我国图书馆事业的重要组成部分，是以广大少年儿童为对象的重要的社会教育机构。可见，少儿图书馆是利用适合少年儿童阅读的书刊资料和信息载体，对广大少年儿童进行思想品德教育、科学文化知识教育的社会文化教育机构。

少儿图书馆通常有两种形式。最常见的就是在公共图书馆中设置少儿阅览室，即少儿图书馆以馆中馆的形式附设在公共图书馆内。这种形式在英国、美国等国家非常常见，几乎每个公共图书馆内都会开辟出专门的儿童空间，有的还会将儿童和青少年的阅览室分开，常常以色彩、室内装饰等将其与成人阅览室相区别。另一种形式就是独立建制的少儿图书馆，如我国的北京市西城区青少年儿童图书馆、北京市石景山区少年儿童图书馆、天津市少年儿童图书馆、湖南省少年儿童图书馆和深圳市少年儿童图书馆等，它们作为一个独立的机构，拥有独立的建筑，专门向未成年人提供服务，室内不设成人阅览室，但属于公共图书馆的一种类型。

在张家港，为少儿提供阅读服务的主体机构就是张家港市少年儿童图书馆、张家港市图书馆及其服务体系中的分馆、村（社区）图书室、馆外服务点、24小时图书馆驿站等各级图书馆网点。

（二）少儿阅读服务的对象

少儿阅读与成人阅读服务最大的不同，就是少儿阅读需要陪伴，因此少儿阅读服务的对象比较广泛，除少儿这个群体之外，还包括与之密切相关的一类人群，如家长、看护人和教师。公共图书馆可以将少儿作为自己服务的重点对象，以这类人群为纽带，将与之相关的、关系密切的人群囊括在内。

1. 服务的主体对象——少儿

少儿指的是0—18岁的未成年人，以12岁为分界线，分为儿童和青少年两个群体。根据入学与否将儿童区分为学龄前儿童和学龄儿童两类：学龄前儿童指的是还没有达到入学年龄的儿童，这类群体通常是馆员接触较多的、比较熟悉的群体，图书馆开展的讲故事、绘本阅读、亲子阅读等活动主要就是面向学龄前儿童的。由于即将到学校接受正规学习的训练，因此他们需要掌握一些基本的阅读技能，尝试独立阅读。绘本是这类人群的主要读物，一般文字较少且浅显易懂，图画作为文字的辅助，往往能够恰如其分地揭示文字的含义，帮助孩子理解文字的深层含义。孩子通过与书籍的接触，了解、熟悉图书，为以后的学习打下基础。

幼儿园小朋友在梁丰生态园参观鸟类科普展

通常,图书馆将针对这类人群的服务又进一步进行细分,分为0—3岁和3—6岁两个阶段。由于这类人群年龄非常小,通常需要由家长和看护人带领来图书馆,因而对这类人群的服务推广主要面向的是他们的父母。这个时期虽然孩子还不识字,但他们的大脑已经开始发育,能够对声音、节奏、颜色和触摸等刺激做出反应。因此,图书馆多选择一些比较结实的硬板书和材料比较特殊的能够触摸的图书供孩子使用,此外还有配有CD或VCD的图书和各种玩具,供家长和馆员配合图书的内容和故事的情节需要使用。

蹒跚学步的儿童(1—3岁)开始懂得与家长以外的人进行互动,初步开始尝试社交,馆员此时可以与孩子进行沟通,给他们讲故事,当然需要家长也加入活动中来。馆员通常会选择一些识字书、概念书、图画书等图书和歌谣等朗朗上口的歌曲帮助孩子建立起与图书的联系,帮助他们认识自身以外的世界。目前国内外通常会以发放阅读包的形式进入低幼儿童的家庭,指导家庭阅读的开展,帮助孩子种下阅读的种子。3岁以上的孩子就不像婴儿和蹒跚学步的儿童那样需要家长太多的看管，图书馆通常在大范围的群体内开展阅读活动。这一时期的孩子善于模仿，开始主动学习。馆员通常将此类人群作为服务的重点，在公共图书馆的活动中，将阅读和学习的基本技能以及社会规范等教授给孩子。

学龄儿童通常指的是幼儿园到5—6年级的学生。这个阶段的孩子开始到学校接受正规的教育，他们同时拥有学校图书馆和公共图书馆，因为他们每天要有5—8小时在学校度过。因此，相对于学龄前儿童来讲，公共图书馆针对这类人群的服务时间非常有限，主要利用寒、暑假的时间为这类读者组织特殊的活动或开展读书俱乐部等。由于学龄儿童使用公共图书馆的时间比较集中，有时会导致公共图书馆出现拥挤现象。图书馆会为这群孩子准备教学所需的辅导书以及查找知识、释疑解难的工具书。此外公共图书馆还积极与学校开展合作，共同开展阅读活动和阅读课。这一阶段的孩子开始从被动的语言接受者变为独立自主的学习者，他们开始尝试阅读一些简单的文本，因此图书馆通常会为这类人群提供一些文字较少、故事主线比较清晰的小说、童话和寓言故事，还会为他们提供一些趣味性强的图书，如笑话书、字母书和谜语书，让孩子建立起对阅读的喜爱，让他们从心底认为阅读是快乐的。馆员的角色在这一阶段也开始发生变化，不再仅仅是一个朗读者和看护者，他们更多地扮演着指导者和教师的角色。

青少年通常指的是12—18岁的未成年人，也被称为过渡期读者，他们是儿童向成年人过渡的一个阶段。这类人群比较特殊，他们不希望别人把他们看作孩子，但又不是成人，是人们通常所称的"小大人"。这类人群处于青春期，比较叛逆、固执，想摆脱父母的看管，独立自主，有自己的思想和见解，喜欢争论，对很多事物好奇，对自己也充满了好奇，开始怀疑别人或很少接受别人告诉他们的事情，希望自己通过自己去认识事物本来的样子。人生的价值观、世界观和个人信仰也在青少年阶段开始形成。图书馆此时应该努力将提供的服务和开展的活动同外面的世界联系在一起，发挥他们的创造力和积极性，主动征求他们的

张家港市图书馆城南分馆《史记》人物微课堂

意见，将他们纳入图书馆活动和空间布局的规划中去，吸收他们做图书馆管理员和志愿者，使图书馆成为他们自己心目中的图书馆。这一阶段的孩子阅读能力增强，他们开始阅读一些传记类、地理类和科学类的非小说，喜欢故事情节比较复杂、文字描述比较细腻的图书，此外还有更新比较及时的期刊。

2. 有特殊需求的儿童

除按年龄段将少儿分为上述三个阶段之外，还有一类特殊的儿童，需要图书馆进行特别的关爱。他们不同于正常的孩子，在心理或生理方面存在着某种缺陷，图书馆要为这类群体提供特殊的图书资源和服务。如针对视力有障碍的孩子，可以为他们提供有声图书或触摸图书，并配套提供朗读或讲故事的服务。在图书馆的设计和环境布局上，要考虑到身体有障碍的孩子，保障他们能够同正常的孩子一样平等获取图书馆的资源和服务。公共图书馆在规划设计时，要考虑到这类人群的需求，在馆外预留专门的残疾人停车位、入口处设置无障碍通道、书架选择合适的高度、配备专门的残疾人座椅和电梯及临时用的轮椅等。

图书馆作为精神家园还需要关爱那些心理上存在障碍或是处于某种特殊环境下的孩子，可以尝试到监狱、医院等特殊的场所开展服务。通常这种服务开展的难度较大，成本也较高，需要图书馆馆员走出图书馆，将服务送出去，还需要馆员与相关机构工作人员的密切合作。如到医院开展的服务就需要馆员同医生密切配合，了解孩子的病情进展，配合孩子的治疗选择一些励志型或轻松愉快主题的图书或进行讲故事服务，通常服务的开展不能影响正常的治疗时间，需要馆员和医生事先进行协调。除心理和生理上有障碍的孩子之外，有特殊需求的儿童还包括那些智力发展超常的儿童和有读写障碍的儿童。如针对英语为第二语言的儿童，图书馆通常要为之提供相应的图书资源，还要尽量开展不同语言的讲故事活动，这在一定程度上为馆员挑选资源和组织活动增添了难度。

面对有特殊需求的儿童开展的服务是图书馆未成年人服务的重要部分，同时也是难度比较大的部分，这些活动的开展或完善程度通常与公共图书馆的发展水平紧密相连，目前国外对这类人群的服务整体水平上远远高于我国。

3. 家长或其他看护人

孩子的家长或其他看护人是图书馆未成年人服务必须首先面对的一类人群，尤其是针对低幼儿童的图书馆服务，是离不开家长或其他看护人的参与的。他们要配合馆员开展活动，确保自己孩子的安全。其实，图书馆开展的很多面向婴儿和蹒跚学步儿童的服务主要面对的就是家长或其他看护人。孩子能够在很小的时候就使用图书馆、了解图书馆，跟家长或其他看护人的图书馆意识有很大关系，因此图书馆的早期阅读及相关活动的宣传推广主要对象就是家长或其他看护人。目前，国外广泛推行的家庭学习计划就是希望家长或其他看护人同孩子一起利用图书馆，共同提高各自的读写能力。很多家长或其他看护人对图书馆的关注和使用源于孩子，实践证明以孩子为切入点来带动家长或其他看护人对图书馆的使用是一种很好的推广手段，有时一个孩子能够带动爸爸、妈妈、姥姥、姥爷、爷爷、奶奶等许多人光顾图书馆。很多家长或其他看护人会陪同孩子一起来图书馆看书，帮助孩子选书，这种亲子互动和良好的关系对孩子的成长非常有帮助。因此，公共图书馆应该在儿童阅览室内放置一些有关育儿方面的图书，供陪同孩子一起来图书馆读书的家长或其他看护人使用。

4. 教师

为了准确了解孩子，教师会主动去阅读儿童图书，由此成为公共图书馆少儿服务关注的一类对象。有时为了配合学校教学进度和教师备课需要，公共图书馆也会为教师提供一些教学参考资料。公共图书馆馆员会与教师密切合作，了解课程进度，开展相似主题的读书活动。暑期阅读的主题很多就是征求了教师的意见后确立的，有时还会与孩子的暑期作业相结合。为了满足课程需求，公共图书馆会增订复本，开展班级借阅。此外，公共图书馆的班级参观活动也是与教师合作

"市民馆长"文化志愿服务项目：古籍传承与保护公益微课

开展的，由教师带队以班级为单位熟悉和了解图书馆。针对学龄儿童的图书馆服务开展离不开教师的支持和参与，因此教师也是公共图书馆服务的一类人群。

（三）少儿阅读服务的特点

1. 明显的阶段性

少儿与成人的一个最大不同就是始终处于发展变化的不稳定状态中，是一个不断发展的有机体。少儿的发展大致分为三个宽泛的领域：生理发展（躯体的尺寸、身体比例、外貌和各种躯体系统功能的变化，大脑的发展，知觉和运动能力及生理健康）；认知发展（各种思维过程和智能的发展）；情感和社会发展（情感交流、自我认同、人际交往技能、友谊、亲密关系和道德推理及行为）。其中生理发展表现为明显的外部特征的变化，可以通过观察获取，但后两者的发展是内在的，均与心理变化有关，通常是由心作用于脑，进而影响到个体的行为特征。

儿童心理发展是儿童在掌握人类知识经验和行为规范的活动中，心理机能不断经过量变和质变而实现的改造和提高的过程。尽管由于社会和教育条件在儿童身上所起的作用不同，儿童个体在心理发展过程和速度上存在差异，但儿童心理年龄特征的发展阶段表现出一定的普遍性和稳定性，如阶段的顺序性及每一阶段的变化过程和速度大体上都是相同的，这些共性的东西被提炼出来就是一个规律，成为指导少儿阅读分阶段开展的理论依据。

阅读是读者与作品之间通过文字这个桥梁实现的一种心理交流，因此与大脑发育、认知发展、语言能力紧密联系在一起。受儿童发展阶段性的影响，少儿阅读服务呈现出非常明显的阶段性特征。我们可以让一个18岁的成人和一个81岁的成人阅读同一部书，但我们无法想象让一个2岁的孩子和一个8岁的孩子阅读同一部书。年龄的差异导致心理、智力、行为能力上的差别使得处于不同阶段的儿童，在阅读上存在着明显差异，分级阅读（分龄阅读）服务的开展就是基于这个少儿发展过程中的阶段性特性而设置的。

图书馆在开展少儿阅读服务的过程中需要把握住每个年龄段的心理和生理特征，以便有针对性地提供服务、开展活动，为不同年龄段的孩子提供适合他们阅读能力和理解能力的图书资源。此外，在空间环境的设置上、设施设备的配备上、阅读活动的策划上都需要充分考虑不同年龄段孩子的需要。

2. 共性的阅读主体

少儿阅读与成人阅读的最大不同就是少儿阅读尤其是低幼儿童的阅读，不能独立完成，需要成人的陪伴和指导，因此少儿阅读主体是共性的阅读主体，即孩子和看护人一起构成阅读主体。这一点导致少儿阅读服务的开展与成人阅读服务的开展的不同。图书馆在开展少儿阅读服务时，受共性阅读主体的因素影响，会将与之相关的群体都包含在内。成年人因为儿童的带动走进了图书馆，开启了阅读之旅。

少儿年龄越小，对于成人的阅读依赖就越大，因此面向低幼儿童的阅读服务更多面向家庭，由图书馆提供资源，图书馆馆员提供指导，家长在家中开展。1992 年，英国图书信托基金会、伯明翰图书馆服务部和基层医护服务信托基金发起了世界上第一个专为学龄前儿童提供阅读服务的全球性计划。该计划包括阅读起跑线计划、一起写作计划和国际儿童图书周，其核心内容是为低幼儿童家庭赠送阅读大礼包，包括亲子阅读手册、儿童故事绘本、阅读尺、阅读宣传册。在日本，从 1965 年至今，开展了家庭文库运动和亲子 20 分钟读书活动，推动图书馆馆员、教师和出版者等积极加入推动儿童阅读的行列。美国前第一夫人劳拉·布什高度重视儿童阅读，积极促进图画书阅读，为美国阅读从出生开始计划的开展起到推动作用。在德国，布里隆市图书馆的馆长乌特哈赫曼女士根据教育认知理论及阅读理解能力亲自设计的阅读测量尺，现已成为一项国际性标准，在很多国家得到普及。阅读测量尺分为赤、橙、黄、绿、青、蓝、紫以及粉红、桃红、橘红 10 段，分别对应 0—10 岁的孩子。表 1-1 为"阅读测量尺"（学龄前）内容特点表。

表1-1 "阅读测量尺"（学龄前）内容特点表

序号	年龄/岁	身高/厘米	主要阅读建议	家长必知信息
1	0.5	60	在这个年龄段，书还是婴儿的玩具。触摸书、木头书和塑料书是婴儿的第一本书	爱读书的家长是婴儿最好的榜样
2	1	70	在这个年龄段，一本厚页小书是最佳选择。幼儿们能独立翻页，一岁之前能识别出书中的每件物品	将真正的物品摆放在书旁，容易看到和接触到
3	1.5	80	在这个年龄段，幼儿的感官协调能力得到升华，能认出书中的图片。幼儿乐意听大人讲	家长和幼儿一起看书和一起说出书中物品的名称
4	2	90	在这个年龄段，幼儿能逐渐理解书中含有2至3个人的小情景。简短的小故事深受小孩子青睐	家长用自己的语言给孩子讲述书中的故事片段
5	3	100	在这个年龄段，书对孩子学习语言有着积极的影响作用。每个孩子已有自己喜爱的主题	家长在孩子睡前为他们朗读
6	4	110	在这个年龄段，孩子能把书中的情景和自己的生活结合起来，有愿望和要求	家长应当观察孩子的心理活动、愿望和爱好。时时关注儿童图书馆的活动信息
7	5—6	120	在这个年龄段，幼儿园的孩子应学习怎样融入集体生活中去，孩子们应学会理解其他孩子的观点	给孩子们阅读的书应涉及这方面内容
8	7	130	在这个年龄段，学习阅读占重要位置。爸爸一句，妈妈一句，孩子一句，轮流朗读增添无限乐趣	如果孩子要求，请家长继续朗读

受国外婴幼儿阅读案例启示，近些年，国内各公共图书馆也为新生幼儿及其父母提供了阅读上的帮助。如苏州图书馆推出的悦读宝贝计划，除向苏州户籍的0—3岁婴幼儿赠送阅读大礼包之外，还配套开展亲子阅读讲座，蹒跚起步来看书、小手大创想等多项少儿阅读活动。2013年年底，该计划获英国Book-start总部承认，成为中国大陆地区首家Book-start成员馆。深圳的阅芽计划，是全国首个政府与民间基金会联袂推动的儿童早期阅读项目。浦东图书馆的0—3岁婴幼儿家庭阅读指导包项目，则把焦点放在儿童与家长两类群体上。

综上所述，亲子阅读、绘本阅读就是基于少儿阅读共性主体这个特征来设计的阅读活动，以书为媒介，以阅读为纽带，让孩子和家长共享阅读，分享读书的感动和乐趣。在儿童的早期阶段，父母会选择朗读或讲故事的方式，让孩子接触阅读。这时的读书更多是父母的口念，孩子的耳听，通过家长和孩子的共同阅读、分享故事和儿歌的方式，培养孩子对阅读的终身爱好，养成良好的阅读习惯。伴随孩子年龄的增长，逐步完成由陪伴阅读到独立阅读的转变。

3. 存在阅读发展的关键期

认知心理学发现个体在发展过程中存在着关键期，即敏感期，这个时期是环境影响起最大作用的时期。在关键期中，在适宜的环境影响下，行为习得特别容易，发展特别迅速，但这时如果缺乏适宜的环境影响，也可能引起病态反应，甚至阻碍日后的正常发展。在关键期内，机体对环境影响极为敏感，对细微刺激即

"公园湖畔的阅读驿站"——前溪驿

能发生反应。通过实验发现，小鸡的"母亲印刻"的关键期是出生后的10—16小时，小狗的该关键期约在出生后的3—7周。后来人们把这种动物实验研究的结果应用到早期儿童发展的研究上，提出了儿童心理发展的关键年龄问题。人们通过观察和实验发现，2—3岁是儿童学习口头语言的关键年龄，4—5岁是开始学习书面语言的关键年龄。在这一阶段，儿童学习东西非常快，错过这个时期，效果就会差些。因为这个时期非常短暂，必须抓住并充分利用。

少儿阅读服务的开展不能错过孩子成长中的每个关键期，如果错过了最佳阅读时期的大量阅读，将给孩子造成难以弥补的缺憾。研究发现，对于大多数中国孩子来说，8—14岁是黄金阅读期，5岁左右是儿童开始由看图发展到识字的阅读启蒙敏感期，5—7岁进入大量识字阶段，8—10岁进入自由流畅阅读阶段。在经历了幼儿期识字、由图向文字的转变后，儿童初步建立起阅读兴趣的基

"书房运营的新模式"——滕丰书咖

础，在小学3—4年级时孩子就会进入一生中最重要的黄金阅读期。家长或是图书馆馆员一定要认识到儿童阅读的关键期，在合适的时间内及时引导，达到良好效果。

4. 多元合作

少儿阅读服务的开展离不开与相关机构与人群的合作，这种合作包括横向与纵向合作两个方面：横向的合作主要以儿童阅读空间的变换为主，包括家庭、幼儿园、学校、社区、健康中心及其他服务于未成年人的机构，以及这些空间、机构中的人群，如家长、教师、儿童保健员等；纵向的合作主要是与儿童读物生产与流通过程中涉及的主体，如儿童读物的创作者（包括儿童作家、插画师、画家等）、儿童读物出版者、儿童读物的评价机构（如书评杂志、推荐书目等）。在所有的少儿阅读服务机构中，合作最密切的就是公共图书馆和学校。作为两个与儿童阅读关系最密切的机构，它们具有共同的服务对象和相同的服务目标，建立长效合作机制是儿童图书馆事业和教育事业发展的必然趋势。

在美国，公共图书馆与学校进行合作的方式主要有三种，即班级参观访问、联合建馆和作业辅导。其中，班级参观访问是公共图书馆与学校进行合作的最主要的方式，即以班级为单位对图书馆进行参观访问，这种合作通常与小学之间开展较多，目的就是希望在孩子刚入学的时候，向他们普及使用图书馆的理念，同时这也是公共图书馆进行延伸服务的重要方式之一。对很多孩子来说，班级参观访问是他们第一次来图书馆，通过亲自到馆参观，他们形成了对图书馆的感官认识。利用这个机会，馆员会向孩子们介绍图书馆，并对图书馆使用的基本知识进行普及，教给孩子如何使用图书馆，如何查找自己所需的资源，图书馆的服务都有哪些。

公共图书馆与学校合作的另一个主要方式就是联合建馆，即公共图书馆和学校通过签订合同，共用一座建筑，共享设施设备，同时服务于社会群众和学生两类群体。这种方式通常是由学校提供建筑，公共图书馆提供资源与人力。两者的结合有利有弊。好的方面就是通过联合建馆能够消除资源重复建设带来的浪费问题，节约经费、延长开放时间、丰富馆藏资源的形式与类型；不好的方面就是很难满足各个年龄段、有不同需求的读者，在资源的购置上很难把握。由于图书馆馆舍设在学校内，不少成人因此而拒绝使用图书馆，其他学校的学生也不愿意到另一个学校去使用图书馆。

公共图书馆是除学校之外，为孩子们提供学习支持的重要场所之一。这种课外支持包括正式和非正式两种方式，其中，正式的学习支持包括作业辅导、工具书的使用、读写能力与信息素质的培养、学习与备考技巧教育等，非正式的学习支持就是公共图书馆开展的各项活动，如暑期阅读、讲故事、书话会、小组讨论、阅读俱乐部等，因为学校图书馆在放学后或是假期伴随学校大门的关闭也一

张家港市少年儿童图书馆学生借阅室

同关闭了，所以公共图书馆成为孩子们学习与休闲阅读的首选。其中，作业辅导不仅是目前国外公共图书馆与学校合作最主要的方式，也是公共图书馆提供的未成年人服务中难度较大的一项工作。

在我国，公共图书馆与学校的合作主要停留在图书借阅、共同举办阅读活动、联合开展阅读宣传推广等比较浅层次的层面，公共图书馆更多的是作为少儿放学后、假期期间的阅读场所，是学校教育之外的课外阅读场所，两者之间深层次的合作目前还比较少。张家港市少年儿童图书馆正在探索建立的学校图书馆驿站将会是公共图书馆和学校深度合作的一次尝试。

（四）少儿阅读服务的趋势
1. 服务对象低龄化

少年儿童作为一类特殊的群体，最初进入公共图书馆是受到年龄限制的，即便是在少儿图书馆事业起步较早的美国也是如此。资料显示，美国早期的公共图书馆是不允许儿童进入的，而且大多对读者有严格的年龄限制，明确规定只有达到了一定年龄，方才有权进馆使用馆内的资源。因为那个时候在很多公共图书馆馆员的印象中，孩子们经常大声喧闹，双手和身上由于玩耍还往往脏兮兮的，这与他们认为应当是安静、整洁的公共图书馆是格格不入的，所以为了维护图书馆在他们心目中的形象，孩子们被无情地隔离在图书馆之外。直到1896年，美国的公共图书馆才取消了年龄限制，孩子们可以自由出入。尽管孩子们可以自由进出图书馆了，但公共图书馆对儿童入馆年龄进行了严格规定，并且在提供的服务上也增设了附加条件，如1869年就面向儿童开放的克利夫兰公共图书馆就规定儿童必须达到14岁以上，且在家长的陪伴下方可从图书馆中借书。

伴随图书馆服务理念的不断提升，1949年的《公共图书馆权利宣言》、1994年的《公共图书馆宣言》和2003年的《国际图联面向儿童图书馆服务指南背景材料》相继出台，提出公共图书馆作为知识之门不应该因为年龄、种族、性别、宗教、国籍或社会地位等因素将读者拒之门外，图书馆的未成年人服务才逐渐取消了年龄限制。在欧美国家，公共图书馆的少儿阅读服务出现低龄化趋势，开设低幼儿童专区，服务婴幼儿和蹒跚学步儿童，甚至通过阅读起跑线等特色活动将图书馆服务延伸至刚出生婴儿的家庭。出生即阅读的理念逐步深入，阅读从娃娃抓起得到了广泛认同。低幼儿童服务成为公共图书馆阅读服务活动不可或缺的一部分，成为少儿阅读服务的一大亮点。

受英国与美国公共图书馆少儿服务的影响，我国图书馆的少儿阅读服务也呈现出低龄化趋势，突出表现就是公共图书馆将入馆儿童的年龄限制放宽。最具代表性的是2010年5月31日开馆的国家图书馆少年儿童图书馆，最初对入馆儿童的年龄限定为6—15岁，2013年国家图书馆公共服务区域开始面向未成年人全面开放，6岁以下的儿童也可入馆读书，并开设低幼阅读区，3岁以下的儿童

德积街道福民社区24小时图书馆驿站

能够在家长的监护下在专门区域看书。2017年6月发布的《全民阅读促进条例》中明确规定国家鼓励有条件的公共图书馆等社会公共服务机构通过设立学龄前儿童阅读室为开展亲子阅读等活动提供便利条件。目前，我国大多数公共图书馆都开始在馆内设立针对低幼儿童的活动专区及专门服务这个年龄段儿童的阅读活动，将服务的触角延伸至婴幼儿阶段。经济水平较高的东南部地区，如苏州、深圳等地学习西方成熟的经验，通过发放阅读包的形式，将少儿阅读服务送到每个刚出生儿童的家庭，甚至产妇的孕期早教都成为少儿阅读服务关注的对象。伴随国家对阅读的重视，低幼儿童阅读的重要性逐渐被家长认识，培养孩子的阅读兴趣，养成良好的阅读习惯越早入手，扎根越深。在这种理念和认识的推动下，少儿阅读服务出现了低龄化的发展趋势。

2. 服务活动分龄化

儿童在不同年龄段的阅读喜好是不同的，这一点图书馆学泰斗刘国钧先生早在19世纪20年代就注意到了。在《儿童图书馆和儿童文学》一文中，他指出儿童书籍的选购要顾及儿童发育各时期的心理状态。他将儿童分为前儿童期、后儿童期和前青年期，每个时期的儿童都有自己的偏好，喜欢不同类型的图书。如针对前儿童期儿童的图书以歌谣、童话最为合宜，处于后儿童期的儿童喜欢伟人的故事，能够激发他们勇敢的心；处于前青年期的儿童则更喜欢情感类的图书，开始觉悟自己与社会的关系，这一时期也是青年道德形成的关键时期。少儿不仅在阅读偏好上会呈现出很强的阶段性，在阅读能力上也是呈阶梯状发展，分级阅读理论就是分阶段少儿阅读指导理论。分级阅读简单用一句话概括就是"什么年龄段的孩子读什么书"，这也是儿童阅读的黄金定律。具体地说，分级阅读就是从少年儿童的年龄（身心）特征、思维特征、社会化特征出发，选择、供应适合于不同年龄阶段少年儿童阅读需要的读物并指导他们如何阅读的一种阅读方法与策略。

阅读这一种智力活动需要有人生的阅历、经验、体会去补充、阐释和完善作品的意义。一个人的阅历、经验、思想水平是与他的年龄成正比的，年龄越小，对作品的理解、接受也就越难，分级阅读就是建立在这个认识的基础之上。分级阅读的目标就是为少年儿童提供最合适的文本。而什么是最合适的文本呢？根据伊利诺伊大学提供的材料，在美国，所谓合适的文本是指在阅读中，读者能够认识10个单词中的9个，并克服较小困难而理解文义。如果一个文本，孩子能够认识其中的90%—95%的单词，他们就认为这个文本是适合孩子阅读水平的。阅读自身具有阶段性，因此以阅读为主要内容开展的服务也呈现出分龄化趋势，如针对低幼儿童更适合开展讲故事、"大腿上的时光"、亲子阅读等活动，针对学龄儿童更适宜开展与语文课程关系紧密的大阅读活动，如共读一本书、各个分主题的阅读活动、阅读素养提升活动等。

除了在阅读材料的选择和阅读活动的设置上具备分龄化的特点，儿童图书馆在设施设备的选择上、空间环境的布置上也需要体现年龄特点。比如阅读桌椅、书架的高度要适合儿童，刘国钧先生将合适的设备作为一个完善的儿童图书馆必须具备的三大要素之一，他认为椅子和桌子要矮小、轻便，适合于儿童使用。书架也要矮，便于普通身高的儿童自由取书。在空间布局上也要注意不同年龄段的差异，低幼儿童的空间颜色应该鲜艳，室内装饰应生动活泼。除此之外，低幼儿童的空间还应强调安全性，书架、桌椅等设施的边角要圆滑，避免有锋利的尖角，电源线、电源开关等要内隐起来或是有安全帽保护。儿童空间应该布置得色彩鲜艳，充满想象，通过在室内摆放一些装饰物、手工艺品或玩偶，种植绿植或养一些小鱼等，增加图书馆的生机与活力。青少年处于转折期，他们不愿意别人再把他们成是小孩子，不喜欢与儿童待在一起，喜欢自己独处，所以最好为他们提供一个单独的空间，封闭、独立、安全是这个年龄段孩子空间的主要特点。

3. 阅读推广常态化

所谓阅读推广，就是为了推动人人阅读，以提高人类文化素质，提升民族软实力，加快国家富强和民族振兴的进程为战略目标，由各国机构或个人开展的旨在培养民众的阅读兴趣、阅读习惯,提高民众的阅读质量、阅读能力、阅读效果的活动。公共图书馆是阅读推广的主力,阅读推广的主要目标人群就是缺少阅读意愿或阅读能力的人,称为特殊人群。少儿就是特殊人群中的一类,因为他们处于不断发展变化中,阅读能力也处于不断增长的过程中,总体来说,阅读能力较弱,自主阅读意识较差,是图书馆阅读推广需要特别用心、关注的特殊人群。阅读推广作为一种积极、主动的阅读服务方式,希望通过其可以提升公众的阅读意愿和阅读能力。对于未成年人,图书馆还具有培养阅读饥饿感的使命。阅读饥饿感属于精神饥饿感,是指在缺乏阅读时产生的类似饥饿的感觉,这种感觉导致强烈的阅读冲动。阅读饥饿感不同于生理饥饿感,它是后天形成的,需要培养、训练后才能形成,而培养阅读饥饿感的最佳年龄在童年。因此,图书馆十分重视对未成年人的阅读推广,针对这个群体开展的阅读推广活动最丰富、数量最多、成就最大。不过这不是从一开始就如此,其间也经历了一定的发展过程。

2017年张家港市校园诵读大赛

张家港市经开区(杨舍镇)西门社区24小时图书馆驿站"儿童共享自习空间"

国内外图书馆未成年人服务的发展，都经历了由不开展或很少开展未成年人服务到普遍开展未成年人服务，从不很重视未成年人服务到十分重视未成年人服务的过程。2010年以后，大多数公共图书馆冲破了公共图书馆、青少年图书馆的二元服务格局，大力发展未成年人服务，使其成为公共图书馆中最引人瞩目的项目。阅读推广活动伴随全民阅读、学习型社会风气的兴起开始逐步升温，成为图书馆自觉推行阅读的新举措。未成年人服务作为图书馆发展变革与服务的创新点，再度受到重视，成为图书馆服务的热点。图书馆未成年人服务与阅读推广活动很自然地结合在了一起，以图书馆优质、平等、专业的阅读服务帮助儿童寻求与获取阅读资源，掌握正确的阅读方法，利用图书馆和其他信息机构开发的书目或信息工具，成为图书馆少儿阅读推广的主要内容。

早期公共图书馆的阅读推广主要以节庆活动为主要方式，依托世界读书日、节假日和纪念日来举办阅读推广活动，虽然也取得了一定的效果，但是持久性不强，没有深入人们的生活中，往往是昙花一现就消失了，阅读推广被做成了一种仪式。近年来，我国公共图书馆的少儿阅读推广出现日常化趋势，如广州图书馆举办的爱绘本、爱阅读亲子读书会从2009年6月开始，每周举行1—2场，坚持至今；深圳市少年儿童图书馆的喜阅365活动，倡导一年365天，每天读一本书，自2011年起坚持至今。阅读作为一种生活方式，应渗透在孩子每天的学习生活和家庭生活中，可以被孩子信手拈来，与之朝夕相伴，因为阅读本身就是一个循序渐进、日积月累的过程，需要每天有所推进和发展。阅读推广的常态化趋势也是少儿阅读服务发展的一种表现。

第二章

张家港市少儿阅读服务开展的背景

张家港市少儿阅读服务的开展是与这座城市的优秀的阅读传统及良好发展的背景分不开的:"书香港城"建设为其打造良好的阅读环境,广泛开展的文化志愿服务为其提供坚实的人力资源保障,"政府主导、专家指导、部门推动、社会联动"为其提供科学的指导理念。

一、在精神文明建设与"书香港城"建设的良好阅读环境中健康发展

张家港地处长江下游,深受江浙文化熏陶,具有浓厚的阅读传统。张家港素有"文明城市"之称,自 2005 年以来,已经连续 6 次荣获"全国文明城市"称号。文明成为张家港最富盛誉的城市口碑,究其原因是与"书香港城"全民阅读活动分不开的,是阅读提升了港民素质,促进了文明城市的创建。文化张家港的养成,阅读是一个重要支点。少儿阅读作为全民阅读的重要组成部分,在浓厚的阅读传统与"书香港城"的良好阅读环境中获得健康发展。

(一)文明城市张家港——从改变城市面貌到传播精神文明

长江之畔的张家港是一座根植于古老土地的年轻城市。伴随着奔腾不息的江水,这座古韵新姿的城市在万物繁盛的 21 世纪,实现了政治、经济、文化等各项社会事业跨越式发展。全国文明城市、国家生态市、国家园林城市、全国文化工作先进市……一系列的国家级荣誉,连缀起这座滨江城市的美丽荣光。

张家港市位于长江下游南岸,是长江经济带和 21 世纪海上丝绸之路重要节点城市。1962 年由常熟、江阴两县各划出部分地区合并而成沙洲县,1986 年撤县建市,以境内天然良港——张家港命名。张家港市域总面积为 999 平方千米,其中陆域面积为 777 平方千米,下辖 7 个镇、3 个街道、1 个现代农业示范园区、1 个省级旅游度假区,拥有 1 个国家级保税区、1 个国家级经开区、1 个省级高新区、1 个省级冶金产业工业园,142 个行政村,129 个社区居委会。2023 年年末总人口为 168 万,常住人口为 144 万,其中户籍人口为 92.4 万。显著的区位优势、便捷的大交通格局,争先创优的发展理念使张家港日渐成长为长三角熠熠生辉的明星城市。

一个城市的形成和发展，必定是抓住了一个或多个历史性的发展机遇。张家港境域内本是一个农业生产地区，人多地少，农民勉强温饱。中华人民共和国成立后，集体经济时期的农村工业化促成了小城镇的建设，为后来的城市工业打下了坚实的基础，但是并没有促成大规模的城市化。改革开放后，外来的工业化与自下而上的工业化结合促成了工业发展的奇迹，张家港的城市发展也由此腾飞。

位于江尾海头的张家港拥有优质的长江岸线，可常年进行港口装卸作业，又位于经济实力强劲的长三角腹地，发展临港工业具有明显的比较优势。1986年，撤县建市的张家港奉行"以港兴市、以市促港"的战略理念，进行大规模的基础设施建设，营造良好的投资环境。在不懈的努力下，张家港建起了扬子化学园、以沙钢为核心的沿江冶金工业园，沿江地带逐步变为港口物流基地，成为张家港市的制造业中心和高科技高新技术产业的中心。张家港人发扬"团结拼搏、负重奋进、自加压力、敢于争先"的张家港精神，大力发展外向型经济，外来投资者纷至沓来，到20世纪末，以港兴市战略初见成效。进入21世纪，张家港凭借着雄厚的工业基础、优良的长江岸线、开拓创新的张家港精神，经济实现跳跃式

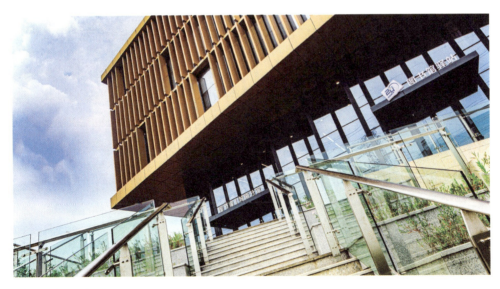

张家港市图书馆城南分馆

张家港市少儿阅读服务开展的背景

发展，综合经济实力始终位居全国百强县（市）前三名。

富裕之后的张家港人提出了"一把手抓两手，两手都要硬"的物质文明和精神文明建设思路。张家港在发展经济的同时，积极推动公共服务的建设，努力改善民生福祉，不断完善公共服务体系，让广大居民积极分享经济发展的成果。自2004年以来，张家港就以长江文化为媒、张家港精神为帆，携手沿江各省份，连续20年举办长江文化节，在江海回荡的天地间打造出一方保护、传承和弘扬长江文化的广阔舞台，被誉为"县级市率先扛起了弘扬长江文化的大旗"，荣获第二届文化部创新奖，被明确为江苏重点培育的三大地方特色文化品牌之一，获江苏省首批群众文化"百千万"工程优秀文化活动品牌等多项荣誉。特别是党的十八大以来，张家港市与时俱进，大力弘扬张家港精神，综合实力连续30年位居全国同类城市前三名，连续六次蝉联"全国文明城市"，获得国家卫生城市十连冠、全国双拥模范城七连冠、全国县级首个联合国人居奖等200多项国家级及以上荣誉。

在构建"学有所教、劳有所得、病有所医、老有所养"的完善的公共服务体系中，张家港高度重视公共文化服务体系建设。大力强化基础设施建设和财政投入，启动了一批重大文化工程项目。投资7亿多元，建成了占地面积230亩（1亩≈666.7平方米）的张家港市文化中心，集科技馆、美术馆、城市展示馆、图书馆、文化馆、档案馆、大剧院、综合展示馆等多个场馆于一体。2006年，张家港全面启动镇（区）、村（社区）文化设施"八个一"工程建设。2007年，张家港市就在江苏省率先实现了镇、村共享工程基层点全覆盖，被文化部命名为"全国文化信息资源共享工程示范市"。2008年，全面建成有线数字电视城乡一体化工程。

张家港在创新公共文化服务形式特别是公共阅读服务方面也走在前列。张家港积极探索"书香城市"建设模式，2012年11月，发布了全国首个覆盖城乡的

"书香城市"建设指标体系,在全国首推网格化公共文化服务。2014年,张家港市将24小时自助借阅图书馆建设列入市政府实事工程,市财政投入2000万元专项资金,截至2024年上半年,已有58家图书馆驿站24小时为周围的百姓服务,成为永不打烊的城市免费阅读空间。同年,又投入1000多万元对张家港市少年儿童图书馆进行了升级改造,使之成为全国首家采用分级阅读理念的县级少儿图书馆。2017年,在24小时图书馆驿站服务功能基础上,张家港市对每个镇(区)的村农家书屋、社区图书室进行提档升级,设置了藏书区、阅览区、自助借还区、阅读活动区等服务区域,实现"1+X"多元化综合性服务。经开区(杨舍镇)善港村农家书屋(麦畑花舍)在2023年入选全国"最美农家书屋";乐余镇永利村依托开心农场四季果园,以"研学、互动、共享"为主题,以一年四季+分享的阅读模式,成立五季·果园悦读会,耕耘乡村阅读文化。2017年2月,张家港市文化馆、博物馆、少年儿童图书馆、图书馆理事会成立大会先后召开,标志着张家港市在江苏省县域率先实现公共文化事业单位理事会制度改革全覆盖。这既是张家港市在公共文化机构法人治理结构改革工作中迈出的实质性一步,也是张家港市文化体制改革创新的重要成果。让阅读有声有色,让生活有滋有味。为全面推动文明实践和城市文化建设提档升级,打造新时代颜值与气质兼修的魅力港城形象,2021年1月23日上午,益空间·湖畔书房正式启用,标志着张家港市开启了城市文化服务品牌的新篇章。2022年7月24日,张家港市首个市民"捐赠图书馆"——沙洲湖益空间·源书房正式启用,彰显出全民阅读工作与人民群众追求美好生活的需求更加紧密相连。

  从大力发展经济,到改善城市面貌,再到有力推进公共文化服务体系建设、强化精神文明建设,张家港走过了一个文明城市由城市物质文明建设升华到精神文明建设的稳健路径。同时,深入人心的公共文化服务工作的开展也对更好地提升市民素质,塑造城市形象,增强城市创造力具有显著作用。张家港以文化人、以文育人的有效做法也为推动全民道德实践、丰富民众的精神文化生活创造了良好条件。

（二）从全民阅读到"书香港城"

2022年4月23日，习近平总书记为首届全民阅读大会发来了贺信。他强调，阅读是人类获取知识、启智增慧、培养道德的重要途径，可以让人得到思想启发，树立崇高理想，涵养浩然之气。中华民族自古提倡阅读，讲究格物致知、诚意正心，传承中华民族生生不息的精神，塑造中国人民自信自强的品格。希望广大党员、干部带头读书学习，修身养志，增长才干；希望孩子们养成阅读习惯，快乐阅读，健康成长；希望全社会都参与到阅读中来，形成爱读书、读好书、善读书的浓厚氛围。

回顾我国全民阅读活动的发展史，要追溯到20世纪末。1997年1月，中宣部、文化部等九部委联合发出《关于在全国组织实施"知识工程"的通知》，这是一项以发展图书馆事业为手段，以倡导读书、传播知识、推动社会文明与进步为目的的社会文化系统工程。知识工程的实施，拉开了新时期全国性的"倡导全民阅读，建设阅读社会"的大幕。2000年，全国知识工程领导小组将每年的12月定为全民读书月，这是以"知识工程"为抓手推动全民阅读的重要举措。

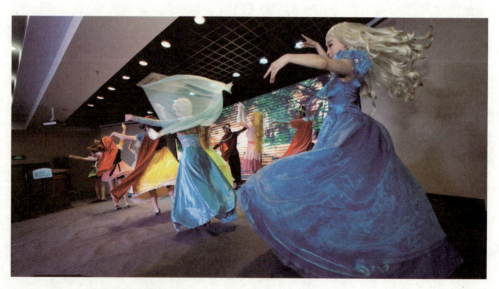

2017年张家港市全民读书月活动启动仪式

竹林童话书屋"益读港城"项目

2004年4月23日,由全国知识工程领导小组和文化部主办、中国图书馆学会和国家图书馆承办的以"倡导全民读书,建设阅读社会"为主题的2004年世界读书日宣传活动拉开序幕,这是国内第一次大规模宣传世界读书日的活动。之后每年的世界读书日前后,全国各地都会开展丰富多彩的阅读推广活动,世界读书日和全民阅读月成为新时期我国两项标志性的全民阅读推广活动。

2006年4月,中宣部、中央文明办、新闻出版总署等11个部委共同向全社会发出倡议,在世界读书日前后广泛开展"爱读书、读好书"的全民阅读活动,倡导各地的图书馆围绕全民阅读组织讲座、荐书、咨询、展览等读书宣传活动,各地的书店、书城开展优惠售书等活动,营造人人有书读、家家有书香的社会氛围。2009年,中宣部、新闻出版总署联合印发了《关于进一步推动做好全民阅读活动的通知》。2011年10月,党的十七届六中全会通过的《中共中央关于深化文化体制改革、推动社会主义文化大发展大繁荣若干重大问题的决定》,把深入开展全民阅读活动作为加快城乡文化一体化发展的重要内容。党的十八大报告指出，扎实推进社会主义文化强国建设，让人民享有健康、丰富的精神文化生活，是全面建成小康社会的重要内容；要开展群众性文化活动，开展全民阅读活动。这是第一次将全民阅读写进党的工作报告中。2012年3月，新闻出版总署发出《关于深入开展全民阅读活动　努力建设"书香中国"的通知》，要求以建设"书香之家""书香之乡（镇）""书香之县（市）"为抓手，努力建设"书香中国"。

从2006年4月全民阅读活动正式在全国范围内启动开始，至今已有10余年的时间。10余年来，我国各地开展了一系列主题鲜明、内容丰富、形式多样的阅读活动，培育和巩固了一批"书香中国"的活动品牌。以"书香中国"为统领，"北京阅读季""书香江苏""书香荆楚""书香苏州"等一大批品牌活动，已经成为组织全民阅读、服务全民阅读、推广全民阅读的重要平台。

从一个倡议发展为一项国策，全民阅读已上升为国家发展战略。特别是在2016年发布了《中华人民共和国国民经济和社会发展第十三个五年规划纲要》，明确提出要将全民阅读工程列为"十三五"时期的文化重大工程之一，将全民阅读提升到国家战略高度。同时，我国首个国家级全民阅读规划《全民阅读"十三五"时期发展规划》印发。在这个规划中，具体提出了举办重大全民阅读活动，加强优质阅读内容供给，大力促进少年儿童阅读，保障困难群体、特殊群体的基本阅读需求等10项主要任务，确定了28个全民阅读重点工程和项目。至2021年6月，文化和旅游部又发布了《"十四五"公共文化服务体系建设规划》。其中提出，我国公共图书馆事业发展的目标方向为建设以人为中心的图书馆。这是根据国家"十四五"发展规划总体要求，结合图书馆事业发展实际做出的一项重要政策部署，为全国公共图书馆事业的未来发展确定了新的方向和重点，将开启我国公共图书馆事业发展新征程。

在中宣部2020年印发的《关于促进全民阅读工作的意见》中，明确强调，要全面部署深入推进全民阅读，提出到 2025 年，通过大力推动全民阅读工作，基本形成覆盖城乡的全民阅读推广服务体系，全民阅读理念更加深入人心，活动更加丰富多样，氛围更加浓厚，成效更加凸显，优质阅读内容供给能力显著增强，基础设施建设更加完善，工作体制机制更加健全，法治化建设取得重要进展，国民综合阅读率显著提升。

阅读是获取知识、启迪智慧、培养道德的重要途径。从 2022 年开始，中宣部等在北京、杭州、昆明连续召开了三届全民阅读大会。全民阅读显现出不一样的力量。

而自 2014 年以来，全民阅读已连续 11 次写入政府工作报告，详见表 2-1。从倡导到深化，彰显了党和国家对促进全民阅读高质量发展的决心。

表 2-1 2014—2024 年政府工作报告中关于全民阅读的提法表

序号	年份	内容
1	2014	促进基本公共文化服务标准化均等化，发展文化艺术、新闻出版、广播电影电视、档案等事业，繁荣发展哲学社会科学，倡导全民阅读
2	2015	提供更多优秀文艺作品，倡导全民阅读，建设学习型社会，提高国民素质
3	2016	深化群众性精神文明创建活动，倡导全民阅读，普及科学知识，弘扬科学精神，提高国民素质和社会文明程度
4	2017	大力推动全民阅读，加强科学普及
5	2018	倡导全民阅读，建设学习型社会
6	2019	倡导全民阅读，推进学习型社会建设
7	2020	加强公共文化服务，筹办北京冬奥会、冬残奥会，倡导全民健身和全民阅读，使全社会充满活力、向上向善
8	2021	推进城乡公共文化服务体系一体建设，创新实施文化惠民工程，倡导全民阅读

续表

序号	年份	内容
9	2022	丰富人民群众精神文化生活。培育和践行社会主义核心价值观，深化群众性精神文明创建。繁荣新闻出版、广播影视、文学艺术、哲学社会科学和档案等事业，深入推进全民阅读
10	2023	实施文化惠民工程，公共图书馆、博物馆、美术馆、文化馆站向社会免费开放。深入推进全民阅读，支持文化产业发展，加强国家科普能力建设
11	2024	丰富人民群众精神文化生活。深入学习贯彻习近平文化思想。广泛践行社会主义核心价值观。发展哲学社会科学、新闻出版、广播影视、文学艺术和档案等事业。深入推进国家文化数字化战略，深化全民阅读活动

此外，为促进全民阅读，保障公民的基本阅读权利，提高公民的思想道德素质和科学文化素质，培育和践行社会主义核心价值观，传承中华优秀传统文化，推动社会文明程度显著提高，全国各地也出台了全民阅读政策。详见表2-2 全国各地全民阅读政策不完全汇总表。

表2-2 全国各地全民阅读政策不完全汇总表

序号	省份	名称	概要
1	北京	《北京市全民阅读发展规划（2021—2025年）》	将全民阅读工程上升为首都文化建设核心工程，构建阅读典范之城
2	山西	《山西省全民阅读促进条例（草案）》	建立符合各自特点的阅读促进工作机制，制订阅读促进计划、实施方案和阅读分类指导目录
3	内蒙古	《内蒙古自治区全民阅读中长期规划（2016—2025年）》	全民阅读六大重点工程分别为设施工程、精品工程、品牌工程、"七进"工程、参与工程、数字化工程
4	吉林	《吉林省全民阅读促进条例》	充分利用重要文化节庆日以及书博会、文博会、文化节等相关文化活动组织开展全民阅读活动，培育和巩固各类书香品牌。
5	黑龙江	《黑龙江省人民代表大会常务委员会关于促进全民阅读的决定》	到2025年，培育扶持10个以上省级全民阅读品牌项目，拥有至少2个国内知名阅读活动品牌
6	上海	《关于促进上海全民阅读工作的实施意见》	在"上海文化"品牌、人本价值、实体书店、数字化转型、深度融合、阅读需求六方面体现上海品质和特色

续表

序号	省份	名称	概要
7	江苏	《江苏省人民代表大会常务委员会关于促进全民阅读的决定》	加大数字化阅读设施建设力度，扶持实体书店，鼓励社会力量参与全民阅读
8	浙江	《关于加快推进全民阅读建设书香浙江的意见》	加强阅读文化培育推广、实施阅读精品引领工程、构建阅读服务覆盖工程、推动数字阅读健康发展、完善阅读分众指导
9	江西	《江西省推进全民阅读行动计划（2017—2020年）》	实施全民阅读品牌创建、精品引领、完善设施、阅读七进、数字创新、宣传推广六大工程，通过21项具体任务推动全民阅读深入开展
10	河南	《河南省人民代表大会常务委员会关于促进全民阅读的决定》	建立全民阅读指导委员会，设立全民阅读资金
11	湖北	《湖北省全民阅读促进办法》	设立省全民阅读活动指导委员会，建立全民阅读调查评估制度
12	广东	《广东省全民阅读促进条例》	开展"书香岭南"全民阅读活动，举办南国书香节，要求中小学校加强书香校园文化建设，开设必要的阅读课程
13	海南	《海南省全民阅读中长期规划（2016—2025年）》	完善全民阅读设施，打造海南出版精品，培育阅读活动品牌，建立阅读推广机制，推进数字化阅读，保障少年儿童和特殊群体阅读
14	重庆	《重庆市实施〈中华人民共和国公共文化服务保障法〉办法》	规定每年4月为重庆市全民阅读月，实现本市所有公共图书馆、阅读设施之间图书的通借通还，数字资源与本市其他阅读设备终端的互联互通、共享共用
15	四川	《四川省人民代表大会常务委员会关于促进全民阅读的决定》	打造阅读品牌，建立评价机制，完善公共阅读服务体系，建设好全民阅读重要阵地
16	贵州	《贵州省全民阅读促进条例》	鼓励和支持相关信息技术的开发应用，促进全民阅读平台建设
17	云南	《云南省深入开展全民阅读实施意见》	着力推动少儿阅读，注重保障县级以下地区儿童、困难群体、特殊群体阅读需求；着力抓好"书香九进"，大力推动基层乡村阅读，着力做好宣传推广，增强"书香云南"品牌影响力
18	宁夏	《宁夏回族自治区全民阅读促进条例》	统筹建立全民阅读推广人队伍信息库，为阅读推广人提供相关知识和技能培训。鼓励和支持设立全民阅读促进协会，培育全民阅读推广机构，发展阅读推广人队伍，开展专业阅读辅导

张家港市少儿阅读服务开展的背景

在贯彻落实党的十七届六中全会和十八大精神的关键时刻，在建设社会主义文化强国这一历史使命的召唤之下，张家港市作为全国的文明城市，在"书香中国——书香城市"的建设思路下，提出了以"全民阅读，让张家港更文明"为主题的"书香张家港"全民阅读活动的实践方案。"书香张家港"全民阅读实践活动一共分为43个大项，109个小项。其中重点项目9个大项，涵盖了各个阶层、各个年龄段的群体，所有阅读活动根据各类人群的年龄结构、知识层面、职业特点和阅读习惯，精心设计。2012年9月12日，《张家港市全民阅读状况蓝皮书》发布，为张家港市全民阅读工作提供了决策依据和理论参考，更好指导张家港市全民阅读实践活动。11月13日，张家港市制定并颁布了《张家港市"书香城市"建设指标体系（试行）》，包括7个一级指标、44个二级指标、87个三级指标，覆盖阅读设施、阅读资源、阅读组织、阅读活动、阅读环境、阅读成效和保障条件等方面，涵盖了"书香城市"建设的硬件与软件，是"书香城市"建设的主要要素。

从全民阅读到"书香中国"，再到"书香张家港"，张家港市在全民阅读的大氛围内勇于探索、积极实践，借助"书香港城"的建设，不断创新阅读方式、改进阅读环境、提高阅读服务水平，并率先制定了国内第一个以全民阅读为抓手、覆盖城乡的综合性建设指标体系——"书香城市"的建设指标体系，涉及全民阅读活动的发起、组织、推广、参与、考核、反馈、保障的全过程，使得阅读活动可量化、可评估，更具指导性和操作性。此外，张家港市还以"共读张家港"为理念，构建了普惠百姓的公共文化体系，举办了集广泛性、多样性等优点于一体的全民读书月活动，推广了手机阅读、网络阅读、电子图书阅读等新型阅读方式，在如火如荼的"书香城市"建设中，全市营造了读书为荣、读书为乐的浓厚阅读氛围。

（三）全民阅读对少儿阅读服务开展的推动

伴随全民阅读活动在全国轰轰烈烈的开展，少儿作为阅读活动的重点人群受

2018年张家港市全民读书月活动

到了前所未有的重视。中国图书馆学会专门设立了未成年人图书馆服务专业委员会来指导少儿阅读工作的开展，2012年开始专委会在全国范围内实施全国图书馆未成年人服务提升计划，同年专委会组织策划了以"阅读与圆梦"为主题的第一届全国图书馆未成年人服务论坛，整合社会各界未成年人阅读推广力量，进一步推动未成年人阅读活动深入开展。

除专业组织的领导与推动之外，从国际到国内出台的一系列规范和保障未成年人阅读开展的文件也为少儿阅读的开展提供了政策上的保障。《公共图书馆宣言》将从小培养和加强儿童的阅读习惯列为公共图书馆的首要任务；《中国儿童发展纲要》提出了儿童优先原则，在制定法律法规、政策规划和配置公共资源方面优先考虑儿童的利益和需求；《全民阅读促进条例》将未成年人作为重点群体进行阅读保障,提出要根据未成年人身心发展状况和实际情况,制订未成年人阅读促进计划、实施方案和未成年人阅读分类指导目录;根据未成年人身心发展状况和实际情况,加强培养其阅读兴趣、阅读习惯和阅读能力。尤其是对学龄前儿童、农村留守儿童、低收入家庭儿童、福利院儿童等特殊儿童群体的阅读关注提升。

公共图书馆作为阅读推广的阵地,在全民阅读的大背景下,积极发挥自身在少儿阅读服务上的优势。大力发展未成年人服务,向未成年人提供优质的服务成为公共图书馆服务拓展的一个重要方向。少儿阅读活动成为公共图书馆中内容最丰富、成效最显著的品牌活动。全民阅读的发展推动了张家港市全民阅读活动的开展。在"书香张家港"全民阅读实践中,少儿作为重点人群受到了重视,按照年龄特点分类引导,张家港市分别推出针对0—3岁婴幼儿的宝贝启蒙行动,针对3—6岁儿童的幼儿启智行动和针对青少年学生的红领巾读书读报活动。通过建立分众阅读引导机制,突破了过去以单一活动覆盖全部人群的工作思路,突出了少儿等重点阅读群体,加大了对少儿阅读的关注和推动力度。

(四)张家港少儿阅读服务在"书香张家港"建设中的核心地位

少儿作为阅读的一类重要主体,在"书香张家港"的整体建设中处于核心地位,面向这类群体的少儿阅读服务是"书香张家港"建设的重点内容。究其原因,主要有两个方面:其一,从少儿本身来讲,他们是图书馆的潜在读者群体,只有让他们养成从小读书的习惯,这个城市和民族才有希望,市民的整体文化素质才能得以提高,文明城市建设才能顺利进行;其二,少儿在身心发育上的不健全,造成他们对成人的依赖,让他们与成人有很强的黏合性。作为家庭的核心,孩子在带动家庭阅读、推动成人阅读方面具有不可估量的作用。正因为无论从少儿自身来讲,还是从整个家庭、整个城市来讲,少儿阅读都具有十分重要的作用,所以在张家港市"书香港城"建设中始终将少儿阅读服务放在核心的位置。

"村民身边的新书屋"——巷里书屋

在推进阅读发展中,张家港市提出了"分众化阅读、分级阅读"的理念,这两个理念都是想把少儿这个群体从读者群中区别出来,专门对待。尤其是少儿的分级阅读服务做得很细,区分为0—3岁、3—6岁、儿童和青少年等多个不同群体,并针对每个年龄段的特点推出了适合其身心发展要求的品牌活动。除打造适合各年龄段儿童的品牌阅读活动之外,在少儿阅读方面,张家港市还进行了很多大胆的尝试,如从2014年开始推出阅读起跑线计划项目,以婴幼儿为切入点带动整个家庭阅读;张家港市联合南京师范大学全民阅读研究中心组成课题组在2016年6月推出了《0—3岁婴幼儿阅读能力发展测评标准》,设置了6个月、12个月、24个月和36个月宝宝阅读能力发展测评标准,帮助家长自己检测孩子的阅读发展情况,指导家庭开展早期阅读;2020年6月,共同发布了张家港市亲子阅读状况问卷调查。本次问卷调查主要从阅读习惯、阅读频率、阅读方式、阅读参与等维度展开，共回收到有效问卷 13578 份，是全国首次针对公共图书馆亲子阅读开展的大规模、系统化专项调查，不仅填补了国内空白，还对了解我国亲子阅读整体图景具有十分重要的学术价值和实践意义。由此可以看出，无论是从阅读服务群体的区分，还是从阅读服务内容、配套产品的推出来看，张家港市的少儿阅读服务在"书香张家港"的建设中占有十分重要的比例，处于"书香张家港"阅读服务的核心位置。

二、在广泛开展的文化志愿服务提供的坚实人力保障中稳步发展

少儿阅读服务离不开雄厚的人力资源的支撑，由于少儿大多数不具备自主阅读的能力，年龄越小，对于成年人的依赖性越强，他们的阅读需要家长、图书馆馆员、阅读推广员的介入、引导和帮助，尤其是在一些大型阅读推广活动中，更是需要充足的人力资源做辅助，这些单靠图书馆馆员的力量是远远不能满足的。相比于其他方面，少儿阅读服务是一个对志愿服务需求量比较大的领域。在张家港市，志愿服务已经成为一种风气，居民都有志愿服务的意识和责任，加之志愿服务制度不断完善，为张家港市少儿阅读服务提供了坚实的人力保障。

（一）张家港的志愿服务蔚然成风

在张家港市，做志愿者是一种风气。从 1996 年 3 月成立张家港市青年志愿者协会开始，张家港市以实体化运作、规范化建设、社会化动员推动新时代文明实践志愿服务工作开展，形成主导力量 + 专业力量 + 骨干力量 + 社会力量的多元化志愿服务队伍模式。截至 2023 年 9 月，全市共有注册志愿服务团队 1338 支，注册志愿者超 30 万名，总服务时长达 1198 万小时，平均每天发布或者开展 300 多个志愿服务活动，已形成一网、一群、一博、一平台（友爱港城网、志愿者 QQ 群、志愿者官方微博微信、手机客户端平台）四位一体的数字化网络工作新格局。

张家港市的志愿服务为何能够如此深入人心，全民积极参与，究其原因是与政府的倡导和推动分不开的。从顶层设计、统筹规划到建立各项工作机制，张家港市已先后制定出台了《关于扶持志愿服务团队发展的工作意见》《张家港志愿者礼遇办法》《张家港市文明实践基金管理办法》等政策，从政策、资金、项目、奖励、培训等方面给予大力扶持，并率先开发志愿服务数字管理系统，率先成立

张家港市图书馆读者自修室

志愿者学院,率先制定志愿者协会团体标准,逐步实现志愿服务的制度化。

志愿服务已成为张家港市提升城市软实力的最新注脚。

(二)建立友爱港城网,规范张家港的志愿服务

志愿服务是一项系统性的工程,志愿者从招募到培训上岗开展服务,再到持续的管理和日常维系与激励都是紧密联系的。为了让张家港的志愿服务活动开展得更加规范和完善,推动志愿服务的常态化开展,进一步优化新时代文明实践志愿服务制度与工作体系,2012年12月,张家港市志愿服务网——友爱港城网正式上线。招募—培训—服务—保障—奖惩—退出的全链条工作模式,让志愿服务更加有序和高效。在友爱港城网站上,志愿者可以完成个人注册,登录进去查找志愿活动并点击报名参加,通过审核后即可去志愿服务地点提供志愿服务,除此

之外，志愿者还可以查找本人的志愿服务信息，如自己累计完成的志愿服务时长等。

2014年4月，张家港市在全省率先正式向社会发布《张家港志愿者礼遇办法（试行）》，其中志愿者礼遇十条不仅让志愿者感受到了社会的爱心回馈，也标志着张家港市率先在全国县级市中建立了志愿者嘉许制度。2020年3月，张家港市精神建设指导委员会办公室、张家港市志愿者协会对2014年试行的《张家港志愿者礼遇办法（试行）》进行了修订与完善，正式发布了《张家港志愿者礼遇办法》，从志愿者荣誉评定、礼遇回馈及保障措施三个角度完善志愿者礼遇激励机制，并明确规定张家港市实行志愿服务星级认定，志愿者服务累计时长满100、300、600、1000、1500小时，分别认定为一至五星级志愿者；累计服务时长满2000、2500、3000小时，分别授予铜、银、金奖章；累计服务时长满5000小时，授予终身成就奖。

友爱港城网

张家港市文化志愿者协会友爱港城管理平台

（三）发展文化志愿服务，推广全民阅读

为推动"书香城市"的建设进程，创新公共文化服务新模式，按照普惠均等、覆盖城乡、便捷高效、保基本、促公平的原则，2013年7月，张家港市文化广电新闻出版局注册成立了张家港市文化志愿者协会，成为全省首家在民政局注册登记的文化志愿者协会，在全国率先实施文化志愿者资格认证。张家港市文化志愿者协会，是由文化志愿者、文化志愿服务组织及关心支持文化志愿服务事业的单位、组织或个人自愿结成的地方性、非营利性社会组织。协会的宗旨是组织和指导张家港市文化志愿服务活动，团结凝聚全市文化工作者和文艺爱好者积极投身文化强市建设，全面构建"实力张家港、美丽张家港、幸福张家港"，为社会提供文化志愿服务，促进社会主义核心价值体系建设，推动全市文化大发展大繁荣。目前，依托各类文化场馆、新时代文明实践所、村（社区）新时代文明实践站，共有223个服务阵地，96个文化志愿服务团，7500余名文化志愿者，平均每年开展各项文体旅志愿服务活动1500次左右、累计服务时长达10万小时、受益群众达累计近100万人次，真正将公共文化服务融入文化志愿服务的"最后一公里"。

文化志愿服务不同于其他类型的志愿服务，指的是专门致力文化领域或文化部门的志愿服务。所谓文化志愿者，是指不以物质报酬为目的，利用自己的时间、文艺技能等，自愿为社会和他人提供公益性文化艺术服务和帮助的人。与普通志愿者的不同之处在于，文化志愿者的专业性更强，强调公益文化艺术服务。为提高文化志愿者的能力和专业水平，张家港市推出了网格文化员资格认定及阅读推广人培训班，面向基层文化志愿者提供全民阅读推广、群众文化活动策划与开展等方面的辅导培训。

作为专门组织，张家港市文化志愿者协会根据基层文化志愿服务的需求，对文化志愿者进行规范化管理，及时发布招募信息，明确所需的条件和要求，不断壮大文化志愿者队伍，并围绕广大群众特别是青少年、老年人、新市民、贫困户等不同群体，在全市范围内围绕文化惠民、阅读推广、艺术导赏、体育活动、文明旅游、重点关爱、节日主题、孵化培育八大类重点项目，打造各项基层义化活动品牌，不断丰富普通民众的基本文化生活，从而提升张家港整体文化水平，早日实现"书香张家港""文化港城"的建设目标。2024年3月，推出了"城市合伙人"文化志愿服务伙伴计划，在公共文化空间实施"空间主理人"项目，嵌入

文化小志愿者在竹林童话书屋整理图书

文化志愿者在张家港市少年儿童图书馆参与"苦练七十二变　笑对八十一难"专题讲座志愿服务

式推动公共文化空间转型升级。由张家港市图书馆推动开展的"长江水·乌江情"土家书房文化志愿服务项目，于 2020 年入选春雨工程全国示范性项目。

（四）建立少儿阅读服务的专业文化志愿团队

在"书香港城"建设目标的指引下，在创新公共文化服务模式的推动下，在志愿服务精神无所不在的氛围下，文化志愿活动遍布了公共文化服务的每一个领域。少儿阅读服务作为公共文化服务的一项重要内容，与公民素质整体提升紧密相连，是"书香港城"基本组成单位"书香家庭"建设的基础，是文化志愿服务的一个重要方面。成立民间阅读组织，聘请领读者，开展资源推介、讲座、读书活动、展览、影音欣赏、文化体验等，成为文化志愿服务者开展的重要活动。为方便和鼓励文化志愿者投身少儿阅读服务，张家港市图书馆、张家港市少年儿童图书馆分别成立了文化志愿服务团，并开设多个渠道供志愿者申请加入，如微信公众号招募通知、馆内公告，友爱港城网图书馆阅读推广文化志愿服务队、少儿图书馆阅读推广文化志愿服务队志愿服务基地公告，除此之外，还可以拨打志愿热线 55396968 或 58133749 报名。

文化小志愿者在张家港市少年儿童图书馆整理图书

只要年满 8 周岁，愿意以自己的时间、知识、技能、经验和技术等，无偿为图书馆和公益性文化活动提供辅助性服务，就可以申请加入图书馆和少儿图书馆阅读推广文化志愿服务队。服务内容如下：秩序维护（引导读者文明阅读，对馆内不文明行为及时进行劝阻）；书架管理（引导读者文明取阅图书，将读者还回图书准确回架）；读者导引（指导读者准确使用检索机，帮助读者寻找所需图书）；咨询服务（熟悉馆内各项服务流程，完整解答读者有关开馆时间、办证须知、馆藏情况、借还流程等问题）；活动推广（策划、组织开展各类型阅读活动，为读者推荐书目等）。服务时间为每周六、日，暑假和寒假，国家法定节日，等等，每次服务不低于 2 小时。

三、在政府主导、专家指导、部门推动、社会联动的科学理念推动下快速发展

张家港全民阅读的开展理念可以用十六字来概括，即"政府主导、专家指导、部门推动、社会联动"。政府作为全民阅读的推动者要发挥主体作用、积极引导；专家学者作为全民阅读的指导者，要科学、有效地引导全民阅读的开展；各级部门之间要相互配合，从政府部门到机关单位、校园、社区都要发挥自己的主观能动性，让阅读全面开花；此外，还需要发挥社会联动作用，重视民间阅读力量。只有政府、专家等社会方方面面的力量紧密配合、各司其职，全民阅读才能健康发展。少儿阅读作为全民阅读的一个重要组成部分，在这个理念下获得了快速发展。

（一）政府主导，积极创造全民阅读大环境

在"书香张家港""文明港城"建设目标的推动下，张家港市政府积极发挥内生动力作用，努力扮演好公共文化建设主体角色，出台了多项政策推动全民阅读的发展。2012年4月，由张家港市委下发了《关于深入开展全民阅读活动，加快推进"书香城市"建设的意见》，出台张家港市"书香城市"建设3年（2016—2018）规划，并将全民阅读工作写入政府工作报告。

为规范全民阅读活动，健全全民阅读制度规范。2012年4月，张家港市成立全民阅读活动推进委员会，由市委常委、宣传部部长担任主任，组织部、宣传部、文明办、文体广旅局、教育局、民政局、财政局、总工会、新市民事务中心等17个部门一把手组成。作为推动全民阅读发展的专门机构，委员会的成立加强了对全市全民阅读活动的组织、指导和协调工作。另外，张家港市把全民阅读列入各级党委、政府的重要议事日程，把全民阅读活动经费纳入市、镇（区）年度经常性财政预算。

发布《张家港市"书香城市"建设指标体系(试行)》

2012年,张家港市政府与中国新闻出版研究院合作,对全市全民阅读基本情况进行摸底调查,并在此基础上构建了张家港市"书香城市建设"指标体系,以强化顶层设计来推进"书香城市"的建设,为全社会提供了公共阅读服务标准和公共阅读服务基本菜单。从硬件设施到资源配置,从活动指引到监测评估,从民间力量培育到政府激励保障,使全民阅读活动体系化,以体系化适应多样化、以体系化保持经常化,体现了党委、政府主导下的公共文化服务普遍均等、城乡一体的核心理念。

为保障城乡居民能够普遍均等地享受到阅读服务,张家港市建立了公共阅读市级层面、区镇层面和村(社区)层面的三级服务平台。为了给市民阅读提供更大的自由度和空间,张家港市在全国率先实施24小时图书馆驿站,打造自由阅读服务载体。自2006年4月,张家港市发起首届全民读书月活动以来,19年

张家港市少儿阅读服务开展的背景

间，全民阅读已经蔚然成风，成为港城人民的一种生活方式和文化自觉。

政策上的保障、专业组织的推进、阅读设施的完善、阅读空间的拓展、阅读活动的开展，张家港市政府从顶层设计到底层实践等方面来推动全民阅读的发展。除此之外，张家港市政府更积极发挥文化建设主体作用，将全民阅读作为文明创建考评的重要指标，纳入文明社区、文明单位等文明创建考评中，以评比促发展，制定出台"书香企业""书香机关""书香校园"等一系列评选表彰办法，开展全民阅读先进典型的评选，对优秀的阅读活动进行鼓励和表彰，对表现突出的组织和个人实行奖励，积极树立全民阅读示范项目和活动品牌。在张家港市政府的引导和推动下，全民阅读的大环境逐步形成。

（二）专家指导，推动阅读科学发展

张家港在发展全民阅读的过程中，充分重视专家学者的指导作用，推动全民阅读科学发展。在制定和实施《张家港市"书香城市"建设指标体系》时，为确

馆外服务点——玉蕙口腔医院图书角

保指标体系的科学、合理，特别约请了全国著名高校、科研机构的专家学者组成课题组，就"书香城市"建设指标体系进行专题研究，并遴选市内外专家学者组建市级阅读活动专家指导委员会。在《张家港市"书香城市"建设指标体系》的一级指标阅读组织的设立中，将专家指导组织作为其中一个重要的方面列出，要求设立专家指导组织，要依靠专家力量，遵循全民阅读活动的基本规律，提高张家港"书香城市"建设专业化水平，推动张家港市全民阅读活动朝着专业化、可持续的方向健康发展。

指标体系要求，张家港要建立市级全民阅读活动专家指导委员会。该委员会遴选市内外专家学者组成，由市政府颁发聘书，是市政府的专业咨询组织。主要职责是定期召开会议，研究讨论张家港市有关推进全民阅读、建设"书香城市"的重要问题，开展对策研究，提出政策建议。同时，专家指导委员会还承担张家港市各类全民阅读、书香城市建设项目的评审工作，组织开展专题报告、讲座等活动，普及全民阅读和书香城市建设的基本理论、基本知识。在专家学者的指导下，张家港的全民阅读活动更加科学、规范。

（三）部门推动，多方配合发展阅读

张家港市全民阅读的发展离不开政府的主导和推动，同时与部门的配合，各级的联动密不可分。目前，张家港市已经构建起以市图书馆（市少儿图书馆）为核心馆，以镇（办事处）图书馆为分馆，城区社区、镇村（社区）基层综合信息服务站为服务点，流动图书车为补充的公共图书馆总分馆体系，建成以农家书屋、社区（村）图书室、党员远程教育网络、文化共享工程基层点、公共电子阅览室为基础的"五位一体"农村综合信息服务站。从政府部门到机关单位、校园、社区，张家港市的全民阅读已经全面开花，形成了政府主导、部门推动、各级联动的局面，在多方力量的共同推动下，全民阅读获得大发展。

社区作为基层阅读阵地，成为张家港市全民阅读重点发展着力点，张家港市努力打造15分钟阅读圈，以社会参与共建的方式，充分利用社区阅读资源，开展集阅读学习、阅读讨论、阅读活动于一体的一站式阅读体验服务，并在人群密集的地方建设24小时图书馆驿站，根据群众需求，在部分社区、街区进行选址建设。截至目前，全市有2家公共图书馆（市图书馆、市少儿图书馆），28家镇（办事处）分馆、132家村图书室、108家社区图书室、54家馆外服务点、58家24小时图书馆驿站。另外，还有湖畔书房、森林书屋、竹林童话书屋、艺书房、沙洲湖源书房等文明实践益空间。此外，学校图书馆、企业职工书屋、机关单位图书室等，这些都是张家港这座城市中的阅读星光，在着力提升利用率和居民阅读率，促进基层阅读阵地高效运转。

为进一步推动全民阅读活动深入开展，加快推进书香张家港建设，2021年7月，由张家港市委宣传部、张家港市文体广电和旅游局提议，张家港市新时代文明实践工作指导中心、张家港市融媒体中心（传媒集团）、张家港市图书馆（少儿图书馆）、江苏凤凰新华书店集团有限公司张家港分公司、中国邮政集团公司江苏省张家港市分公司等5家单位发起成立了全市性、联合性、非营利性的阅读促进组织——张家港市全民阅读促进会，由此，更有效地将张家港市从事阅读推广的企事业单位和相关的社会组织、阅读推广工作者联合起来，携手推进张家港市的全民阅读工作。

张家港深入贯彻政府主导、专家指导、部门推动、社会联动的科学理念，广泛动员各条线、各部门、各人民团体、各行各业积极参与，形成政府、社团、社会等多种力量共同推进全民阅读的生动局面。从上到下，各级联动，这种一呼百应的连锁反应机制，成为张家港市阅读活动开展获得全面发展的一个重要原因。

（四）社会联动，重视阅读力量的整合

民间阅读活跃，则全民阅读活跃，张家港市在推动全民阅读发展的过程中，非常重视民间阅读的力量，建立阅读推广人队伍。制定了《张家港市阅读推广人管理办法（试行）》，分阅读推广员和阅读推广师两个层次展开，全面推行资格认证、持证上岗制度。在2012年出台的"书香城市"建设指标体系中，民间阅读组织不仅作为一项指标出现，而且在这个体系下衍生出了一系列的激励考评机制，特别是从资金、场地等方面对阅读沙龙、读书会、书友俱乐部、文学社等民间阅读组织给予了扶持。

《张家港市阅读推广人管理办法（试行）》

张家港市政府也出台相关政策促进民间阅读力量的发展，市委在《关于深入开展全民阅读活动加快推进"书香城市"建设的意见》中，对大力发展民间阅读组织提出了要求：在市图书馆建立阅读推广志愿服务中心，建立民间阅读组织。在机关、学校、企业、镇（区）、社区（村）重点培育有代表性和影响力的各类读书沙龙，推动建立读书会、书友俱乐部、文学社等民间阅读社团，举办智慧分享阅读文化展等活动。鼓励公共机构为民间读书组织发展提供场地、资金等方面的支持，引导民间读书组织健康、持续有特色地发展。

为了进一步培育民间阅读组织，建立全民阅读推广志愿服务中心，张家港市成立了民间阅读组织联盟，推进民间阅读组织登记注册、星级评定工作，在机关、学校、企业、镇（区）、社区（村）重点培育有代表性和影响力的各类读书沙龙，推动建立读书会、书友俱乐部、文学社等民间阅读社团。

借助阅读推广人、民间阅读组织的力量，可以满足民众个性化、兴趣化的阅读需要，促进全民阅读深化发展。徐玲公益书屋、海狮e悦读、今虞诗社等一批优秀的民间阅读组织，承担起了传递阅读信息、组织阅读活动、推动社会阅读等具体职责，将阅读的种子播撒在广大民众之中，在阅读推广人的引领、带动和指导下，激发起民间阅读的无限活力。民间阅读组织已经成为张家港市全民阅读发展过程中的一种不可或缺的补充力量，民间阅读推广人就是"书香城市"建设过程中引领百万港城人民通往知识殿堂的盏盏明灯。

2004年我阅读 我快乐——"4.23世界阅读日"百人接力朗诵会

第三章

张家港市少儿阅读服务开展的理念

少年儿童既是祖国的未来,也是民族的希望。关注少儿阅读服务,不仅仅是一份社会责任,更是一种使命。

一、张家港市少儿阅读服务开展的核心理念

张家港市少儿阅读服务的开展离不开一些核心理念的支撑,如儿童本位理念、儿童优先理念和儿童利益最大化理念,这些也是图书馆未成年人服务开展的核心理念。作为一种隐性的力量,这些理念推动少儿阅读服务的开展走向更加科学、更加规范、更加完善的道路。

(一)儿童本位理念

儿童本位,简而言之,即以儿童为中心。不论东方还是西方,对于儿童的发现都经历了一定的阶段。在西方,中世纪时期(从6—15世纪),人们缺乏对人生独立阶段之一的童年的关注,认为儿童就是一个发育完成了的微型成人,年龄的概念在人们的头脑中是模糊的,人们很少提到年龄,在现存的文献记录中很少有关于这一项的记载。儿童是独特的、与成人不同的这种观念后来才逐渐露出端倪,这种思想首先出现在法律和医学领域。一些法律认为儿童需要来自成人的保护,而非虐待;医学著作认识到婴幼儿的娇弱,需要成人的呵护,为他们的护理提供了特别的提示。尽管如此,此时仍未出现论述童年独特性或将童年视为一个独立发展时期的理论。16世纪清教徒信仰的原罪说推动了儿童的发现,认为儿童是需要保护和完善的,人生来邪恶、固执,因此儿童必须受到美的熏陶和教育来拯救他们的灵魂。当时,比较普遍的育儿观念就是把严厉、约束式的儿童教养方式奉为最有效的训导堕落儿童的良方。在清教徒的理念中,养育后代是他们重要的使命之一。清教徒首先为儿童编写了专门读物,在宗教和道德理想方面对他们进行指导。在培养孩子自立与自控能力时,清教徒父母逐渐掌握了纪律与放任、严格与宽容之间的适当尺度。直到文艺复兴运动的兴起,人们才更加强调人的自尊和尊严,童年的概念变得比过去更有人文意味。人的发现促使人们去反思自己的童年阶段,法国思想家卢梭在《爱弥儿》中提出归于自然的教育方法,他认为教育要适合儿童的年龄、个性、两性的特征,儿童问题逐渐受到了人们的重视。随着全社会儿童观的不断进步,种种关心、保护儿童利益的措施和设施,种

种探究儿童问题的学科和门类，开始蓬勃发展起来。前者如儿童节、儿童福利、儿童图书馆、儿童出版社、儿童剧院、儿童医院、儿童公园、保护儿童的法律，后者如儿童文学、儿童心理学、儿童教育学、儿童社会学、儿童图书馆学等如雨后春笋般冒出来，儿童开始作为一个独立的群体受到特别的重视，突出了自身的独特性。

在我国，儿童的发现和儿童观的形成经历了从古代成人附庸的儿童模式，到晚清成人生活的预备的儿童模式，直到五四以来随着人的发现，形成了以儿童为本位的现代儿童观的过程。与鲁迅并称"兄弟作家"的周作人说，中国向来对于儿童，没有正当的理解。不是将他当作缩小的成人，拿"圣经贤传"尽量地灌下去，便将他看作不完全的小人，说小孩懂得甚么，一笔抹杀，不去埋他。儿童从来没有被看作一个独立的、有自身特色的群体，只是被看作成人的附庸，失去了独立的人格。晚清时期在国家民族危机、救亡图存之际，先觉的知识分子群体认识到了儿童作为一种生命形式的重要价值。梁启超在《少年中国说》中将国家的希望和民族的未来寄托在少年身上，自此以后儿童就与国家危亡联系在一起，儿童的重要性开始被人们认识到。五四新文化运动促进了人的发现，而人的发现归根结底要看处于社会结构最底层的人。只有当处于弱势地位的妇女和儿童的个体独立价值被肯定的时候，人的发现才是完整的。先觉者开始将目光投向儿童，作为人生命中的独特阶段，儿童的本能和本性得到了社会的重视，儿童本位的儿童观在中国逐渐形成。

随着儿童的发现和以儿童为本位的儿童观的形成，人们才开始意识到儿童与成人之间的不同，儿童作为一个独立发展阶段的理论在各个领域不断丰富起来，图书馆也开始将这个群体分离出来，探索未成年人服务的特点。可以说，没有对儿童的认识和儿童观的指导，图书馆的未成年人服务不可能从其他群体服务中分离出来，也不可能达到今天的发展程度。

儿童本位的阅读理念首先将儿童与成人分离开来，儿童成为一个独立的个体，受到了应有的重视；其次儿童本位的理念要求以儿童为中心，保障少儿的阅读权利、启蒙少儿的阅读意识、激发少儿的阅读兴趣、培养少儿的阅读习惯、培养少儿的阅读能力。在开展少儿阅读之前应先对少儿有一个基本了解，掌握少儿阅读发展的基本规律，少儿成长发展的心理和生理特点，唯有此才是真正的儿童本位，这是少儿阅读开展的核心理念之一。

（二）儿童优先理念

所谓儿童优先，指的是在制定法律法规、政策规划和配置公共资源等方面优先考虑儿童的利益和需求。儿童优先在2011年颁布的《中国儿童发展纲要（2011—2020年）》中被首次明确提出，现在这个理念已经被国际普遍接受，

张家港市悦丰幼儿园"小书虫养成记"亲子阅读启动仪式

但它并不是一开始就被人们接受，而是经过了长期的发展才逐渐确立起来的。

尽管图书馆对儿童开放了，但馆员还是不能像对待成年人一样对待孩子，他们会监督和检查孩子。据美国一名作家回忆，她儿时去图书馆，进馆前都要接受馆员的检查，衣着是否得体，手是否干净。有一次，她就因为穿的裙子在阳光下能够看到内裤的形状被馆员勒令回家换衣服后再来馆。那时，不仅对于孩子入馆有严格的限制，各项服务的提供对于孩子也是采取了与成人不同的方式。早在1869年就面向儿童开放的克利夫兰公共图书馆就规定儿童必须达到14岁以上，且在家长的陪伴下方可从图书馆中借书，没有家长的陪伴或是年龄不足14岁的孩子是不能从图书馆中借阅图书的。

伴随图书馆服务理念的不断升级，一系列文件出台。1949年联合国教科文组织和国际图联联合颁布的《公共图书馆宣言》出台，明文规定公共图书馆是知识之门，应不分年龄、种族、性别、宗教、国籍或社会地位，向所有的人免费提供服务……自由地、不受限制地获取知识、思想、文化和信息是个人行使民主权利和获得平等发展机会的基础。1994年新修订的《公共图书馆宣言》中指出公共图书馆应不分年龄、种族、性别、宗教、国籍、语言或社会地位，向所有的人提供平等的服务……不同年龄的人都应该在图书馆中找到适合其需要的资料。所有这些为图书馆员和公众确立了一个理念，即未成年人应该同成人一样平等地享受图书馆的服务，不能因为年龄的原因而剥夺他们应有的权利。2003年国际图联下属的儿童和青少年服务部制定的《国际图联面向儿童图书馆服务指南背景材料》中，就指出没有人因为太小而不能成为图书馆的读者。至此，图书馆未成年人服务取消了年龄限制。

从最初公共图书馆禁止未成年人进入，到后来未成年人进入后同成年人采取区别对待的方式，再到最后未成年人与成年人一样平等地享受图书馆的资源和服务，直至现在对儿童采取优先对待，这期间经历了一个多世纪的发展历程。公共图书馆最终取消了对儿童的年龄限制,保障他们同成年人一样平等地使用图书馆的权利,而且在各项服务的开展中优先考虑儿童,这个理念的确立对于今天公共图书馆未成年人服务的开展至关重要。儿童优先原则已经成为各个领域进行服务时遵循的基本价值,成了指导图书馆未成年人服务的核心理念。

(三)儿童利益最大化理念

联合国《儿童权利公约》确立了四项基本原则——无差别歧视原则、最大利益原则、生存与发展原则、参与原则,在这四项基本原则中,最大利益原则是最关键、最基础、最重要的一项。它建立在儿童权利之上,要求首先对儿童的权利进行保护,之后再将儿童利益最大化。图书馆作为服务儿童的专业机构,要努力确保儿童利益最大化,为其提供高质量的服务。

为了给孩子们提供高质量的图书馆服务,2000年以来,美国各州就相继开展了学校图书馆影响力的调查,以科罗拉多州为代表,调查结果显示各州是一致的,即学校的总体学业水平与学校图书馆的质量是紧密相连的。以伊利诺伊州为例,该州2005年的调查得出了四点结论:图书馆馆员越齐备的学校,学生的考试成绩普遍越好;图书馆配备有计算机、电子书目和数据库的中学,学生的标准高考成绩比其他学校高出了6.2%;使用图书馆越频繁的学生,阅读和写作成绩越有进步;图书馆馆藏越大,购置新书越及时的学校,学生的阅读、写作和标准考试成绩越好。这次调查的结果与外语学习理论专家克拉申(2004)的研究结论是一致的。克拉申对大量少儿的阅读和语言能力(包括母语和外语)进行实验性研究发现:学生无论是阅读消遣性读物(如漫画书、言情小说、流行杂志),还是阅读其他少儿图书,只要长期坚持,都能在一定程度上提高语言能力。作为一项基本的学习能力,语言能力对于孩子的成长和终身学习能力的形成都发挥着重要作用。

除此之外,还有许多相似的言论肯定学校图书馆或是公共图书馆服务的开

经开区（杨舍镇）悦读旅行社

展。美国前总统夫人劳拉·布什于 2002 年 7 月 4 日在华盛顿召开的关于中小学图书馆的白宫会议上的发言中，多次强调了一个好的图书馆对孩子以后的重大影响，她说，一个好的图书馆可以把孩子带上探索和发现之旅，教给他们如何提出问题和解决问题，最奇妙的事情是你一旦学会了如何使用图书馆，学习的大门将永远向你打开。此次活动的联合发起者马丁博士说："一个好的图书馆能够增强孩子的学习能力……研究表明，开展图书馆项目学校的学生的阅读能力和成绩比没有开展图书馆活动的学校学生高出了 8%—21%。"多项研究证实了人们对图书馆未成年人服务开展重要性的认知，美国教育心理学家布鲁洛在《人类特性的稳定与变化》中提出的智力发展水平的规律，是他通过对千名儿童的追踪分析得出，若以 17 岁时人的智力发展水平为 100，4 岁时就已具备了 50%，8 岁时达到 80%，剩下 20% 是从 8—17 岁的 9 年中获得的，8 岁之前的儿童阅读对人

"小星星读绘本"活动

的影响是终生的。因此,公共图书馆广泛开展面向低幼儿童的服务,进行早期的认字或读写的启蒙是非常必要的。在儿童利益最大化理念的指引下,图书馆正在不断完善自己的服务,提高服务的质量,以此使孩子获得更大的利益。

二、张家港市少儿阅读服务开展的指导理念

张家港市少儿阅读服务的开展除秉持儿童本位理念、儿童优先理念和儿童利益最大化理念等图书馆未成年人阅读服务开展的核心理念之外，还依据本地的实际情况，提出了分级阅读、动静结合、环境激励、出生即阅读及培养阅读习惯，强化分级阅读的理念，指导少儿阅读服务工作的开展。

（一）分级阅读

所谓分级阅读，即按照读者年龄大小有针对性地开展阅读，这个理念是张家港市分众阅读理念在未成年人阅读开展中的进一步细化。它将某一年龄段的孩子作为一个整体，提供符合他们心智发育特点和阅读能力的图书。分龄阅读与国外的分级阅读有异曲同工之妙，核心思想也是一致的，即按照少年儿童不同年龄段的智力和心理发育程度为儿童制订科学的阅读计划，为不同孩子提供不同的读物，提供科学性和有针对性的阅读图书，让什么年龄段的孩子读什么书。

分级阅读在欧美图书市场已经实行 60 余年，相关方面的研究比较成熟，当代西方英语系统国家有多种分级阅读体系，其中最著名的为以下五种：一是 1993 年，玛丽·克莱的阅读校正体系；二是 1966 年，凡塔斯·潘尼的指导阅读体系；三是发展性阅读评介体系；四是莱克赛尔体系；五是阅读能力等级计划体系。美国的分级阅读发展比较成熟，方式多样，大致可以分为字母表体系、年级体系、数字体系。字母表体系如较为流行的 A—Z 分级法，即按照 26 个字母顺序将图书分成 26 级；年级体系如等级等效水平体系，根据年级、年龄判断应有的阅读水平；数字体系方式最多，如蓝思体系、阅读发展评价体系、阅读促进体系、阅读校正体系、阅读数量分级体系、阅读能力等级体系等，都采用数值对阅读能力进行量化计分，学生通过测验分数确定阅读水平。另外，近几年出现的常识媒体，采用星号、颜色等方法对图书粗略评级。各类分级图书数据库一般会提供多种标准分值以便读者检索，如有的提供等级等效水平体系、阅读校正体系、

阅读促进体系三种分值，有的提供等级等效水平体系、阅读发展评价体系、蓝思体系，等等。

随着对国外分级阅读理论的引进与学习，国内分级阅读领域也取得了一定进展。首先，建立了一大批分级阅读研究中心，如2008年7月成立的广东南方分级阅读研究中心、2009年3月接力出版社的接力分级阅读研究中心。其次，分级阅读的理论框架基本搭建，包括分级阅读的分级标准、分级阅读的书目及分级阅读的评价体系。以南方分级阅读研究中心为例，2009年研发了《中国儿童青少年分级阅读内容选择标准》，把1—9年级的儿童分为4个学段：第一学段（1—2年级）、第二学段（3—4年级）、第三学段（5—6年级）、第四学段（7—9年级），同时制定了《中国儿童青少年分级阅读水平评价标准》，围绕儿童课外阅读水平，从阅读数量、阅读技能、阅读习惯等方面提供评价标准。2014年4月，南方分级阅读研究中心又推出儿童图书馆分级研发标准，并正式上线少儿阅推荐书目数据库——分级书库。这些理论框架的搭建，为分级阅读的发展提供了强有力的保障。再次，展开了一系列分级阅读的实践研究，始于作为图画书和文字书中间起桥梁作用的"桥梁书"，以及各大分级研究中心和各大出版社推出的分级图书。尽管国内加大了分级阅读的研究和实践，但是从目前来看主要是以出版社的实践推动为主，分级阅读的分级标准、评价体系和测评体系等理论体系的研究还不足，有待进一步的发掘。

分级阅读理念的提出是基于实践数据的支持和相关理论支撑的。语言学家、心理学家、教育学家通过大量的数据证实，儿童语言的发展按照年龄大小呈现出一定的阶段性：0—2岁，是孩子语言的起步阶段，能对经常听到的字、词作响应，用微笑或发出声音来表示愉快或满足的心情，能发出一些简单的象声词如咯咯、咕噜、咿咿、呀呀、唔唔等，这个阶段学习重点是听与说。3岁是儿童语言能力发展的飞跃期，这一时期他们词汇量的增加也很快，家长无意中说的话也会迅速进入他们的词库。5—6岁是儿童语言表达能力明显提高的时期，这一时期的儿童识字的积极性很高，常常缠着成人教他们识字。

经过长期的实践和观察，人们逐步抓住了儿童阅读发展中的几个关键的时间点，并以此为分界线，将儿童阅读发展分为不同时期。国内外非常成功的阅读推广活动都是以阅读的关键时期为节点展开的，其中最著名同时也是影响最广泛的就是英国的阅读起跑线活动。这是根据儿童成长的实际需要，分年龄段免费向学龄前儿童家庭发放阅读包的活动。每个孩子在他入学之前都能获得3个免费的图书包裹。第一个是在孩子8个月时候，家长带领孩子做听力诊断体检时在健康中心获取的婴儿包，上面印有该计划的标志，里面有2本硬皮的图画书，1本介绍与幼儿分享故事的方法和建议的小册子——《婴儿爱阅读》，1个推荐书目和1本童谣书，此外还会有一张当地图书馆的邀请卡和相关活动的介绍。第二次是在他们1—2岁时获得的高级包，上面印有该计划的小熊标志，其中包含2本图书、1个涂鸦板、各种彩色的蜡笔、1本识数小册子、1本为蹒跚学步儿童准备的推荐书目、1套藏书标签（鼓励孩子建立自己的藏书）、1本关于如何培养孩子的听说能力的小册子。这个高级包的目的在于鼓励孩子发展语言、绘画，收藏图书，以及通过鼓励孩子随意涂鸦，帮助他们尽快学会写字。孩子和家长可以在规定的健康检查时向健康访视员索取。第三次是在他们3—4岁时获得的百宝箱，这是一个印有"最高机密"字样的神秘彩色小塑料箱，里面装有1个A4尺寸的彩色塑料文件袋、2本图书、1本关于儿童教育的书、1本介绍如何获取特定主题图书的小册子、1套藏书标签、1盒彩色蜡笔和1把铅笔刀。这个百宝箱，除具有高级包的功能之外，还鼓励儿童练习写字。阅读起跑线活动以学龄前儿童的阅读推广为主，选取了几个关键阶段主动进行图书推送，激发少儿阅读兴趣。

德国阅读基金会开展的阅读的三个里程碑项目，选取了1岁、3岁和6岁这3个关键的阅读节点，通过儿科医生、图书馆和学校向处于这3个年龄段的儿童发放阅读礼包，礼包中除了适合相应年龄段儿童阅读的书籍，还附有家长指南，指导父母更科学地为孩子朗读故事。阅读的3个里程碑项目借鉴了20世纪90

年代在英国发起的阅读起跑线项目的成功经验，在少儿阅读发展的3个关键时期主动出击，将阅读送到孩子身边。我国苏州图书馆的悦读宝贝大礼包、深圳图书馆的阅芽包项目吸取了国外成功的做法，以1岁、3岁、6岁为分界线，分别向不同年龄段的少儿主动推送图书。受国外阅读推广实践的影响，加上认知发展阶段理论和关键期理论的支撑，国内外的少儿阅读活动在开展时均以1岁、3岁、6岁、12岁等关键的阅读节点为分界线，将阅读活动分为不同时期。张家港市少儿阅读活动就是按照0—3岁、3—6岁、小学生、中学生等不同年龄段进行划分，相应设置了宝贝启蒙区、幼儿启智区、小学生借阅区、中学生借阅区等，分别开展适合不同年龄段儿童的阅读活动。分级阅读的指导理念贯穿在张家港市开展的各项少儿阅读活动中，分级后的少儿阅读效果更好，针对性更强，使得少儿阅读活动更加科学。

（二）动静结合

少儿阅读与成人阅读最大的不同就是少儿喜动，阅读的专注力不够，持续时间也较短，因此在阅读中需要一些活动穿插其中来进行调节。所谓动静结合，就是将阅读和活动相结合，让阅读改变严肃的一面，变得更加具有趣味性，更加活泼。孩子年龄越小，阅读的开展越需要做到动静结合，增加阅读的趣味性，从而延长儿童的阅读持续时间。

英国、美国等国家在这方面做得非常好，他们的低幼儿童阅读形式多样、内容丰富，注意采取多种形式的活动来调动孩子的阅读积极性。拉夫堡图书馆针对0—4岁儿童开展的蠕动读者故事和童谣时间目项就是一则成功的案例。这是英国阅读起跑线项目的配套活动，活动对象是0—4岁的宝宝及他们的家长和看护人，活动的内容以简短的图画故事和童谣为主，图书一般选取文字较少、比较特殊的图书（如会发声的、能触摸、可以变形的图书）。由于"蠕动读者"年龄较小，所以他们很容易就不耐烦，专门为他们举办的阅读活动时间不能太久，通常为半个小时。拉夫堡图书馆每周二10：00—10：30，每周四14：15—14：45

定期举办。半小时的时间里,图书馆馆员准备了讲故事、手指操、念诵儿歌和童谣等各式各样的活动,活动内容和形式注重变化,以便抓住孩子们的注意力。活动从重温开始,馆员会带着孩子们一起哼唱上次学过的儿歌。歌曲多为馆员自己创作,旋律简单、朗朗上口,歌词内容通常为生活中常见事物的名称,馆员以夸张的动作和表情边唱边指向实物,教孩子认识屋顶、窗户、地板等,在他们脑中建立起实物和词语之间的联系。在讲故事时间,馆员会选择一些文字少、图画多、情节较简单的图书讲给孩子们听,有时还会使用一些具有特殊材质或设计的图书。孩子们特别喜欢那些会发声的图书,图像和声音刺激了孩子们的视觉和听觉,使得他们一下子就兴奋起来。听完故事后,馆员会让这些好动的孩子们舒展一下,做一做自创的手指操和互动操。手指操主要由馆员表演,在歌谣中穿插着手指的配合,做出星星闪烁、鸭子嘴、数字变化等手势,孩子们会模仿馆员的动

在沙洲湖益空间·源书房举办的父亲节活动

作跟着来做。听完一段故事,做上一些舒展筋骨的手指操或互动操,不仅能牢牢抓住孩子们的注意力,而且能够提高阅读活动的效率。蠕动读者故事和童谣时间已经成为莱斯特郡图书馆系统低幼阅读的品牌活动,在每个分图书馆都定期开展。

张家港市少年儿童图书馆也认识到少儿阅读中动静结合的重要性,在少儿阅读中加入与阅读主题相关的活动作为调节,如在0—3岁宝贝启蒙区,设置了宝宝爬行道、育婴室、玩具屋、小布书等设施、设备和资料,并有针对性地设计阅读活动,让低幼儿童在游玩中享受阅读的快乐。在3—6岁幼儿启智区,设置了绘本阅读、交流分享、手工制作、职业体验等,举办彩虹姐姐故事会、亲子手工等活动,鼓励孩子开展与阅读相关的手工活动,分享阅读感受和体会。在小学生借阅区,除图书外借、报刊阅览等功能之外,还融合了作品展览、项目展示等动态场景。在中学生借阅区,设立了国风斋,开展集体诵读、学习古诗文的活动。此外,张家港市少年儿童图书馆内还设立了梦想小舞台、多元阅读区、数字体验区等,开展阅读能力评价和阅读治疗等,让阅读活力变得形式多样、内容丰富。

(三)环境激励

环境是会对人产生激励作用的,美国学者雷焦·艾米莉亚认为环境是除老师、家长或其他看护人以外孩子成长过程中的第三位老师,一个良好的环境能够激发孩子的潜能。实验证明,在一个优雅、舒适的环境中,孩子的各项能力能够得到更加充分的发挥。美国学者在哈佛大学教授霍华德,加德纳的多元智能理论和芭芭拉,普拉西尼格的多样性理论的基础上,总结出了环境与学习相互作用的理论,认为室内的家具设施和空间布局会对中小学教学效果产生影响。实验证明:有人在非正式的场合中学习最有效,如在装了豆子的小布袋或是地上的垫子上学习最充分;有人则喜欢正规的学习方式,使用正式的家具,比如硬的椅子、学习桌或是正式的小阅读室。有人在不太正式的学习环境内学习效率高,如喜欢在类似咖啡厅这样舒适的环境中学习,最好放着舒缓的轻音乐,能够在低矮的桌椅、安乐椅或是沙发中慵懒地学习；有人则需要在安静的环境下才能集中精力。有人喜欢独自思考，有人喜欢集体讨论，还有人喜欢边走边思考。因此，图书馆在进行空间设计时可以参照该理论，在不同的功能区间进行不同的设计，选择不同的家具类型和摆放方式，为少儿创造不同的学习方式，满足不同类型读者的不同需求。

此外，室内颜色的设计也能影响学习的效果。研究证明：黄色能激发创造力，蓝色有助于沉思，绿色使人平静，紫色能保持记忆力，红色和耀眼的橙色使人想攻击、产生不好的行为，这就是所谓的颜色定律。少儿阅读空间的室内设计要注重颜色的选择，不同的功能空间和活动内容选择不同的颜色，从而使少儿阅读服务更加高效。少儿阅读空间除了要为孩子们提供优雅的读书环境，还应该成为孩子们与同伴交流、游戏、休闲放松的场所，成为孩子们人生发展中的一个重要的社交场所。根据不同年龄段孩子的特点，设计符合他们需求的阅读空间。

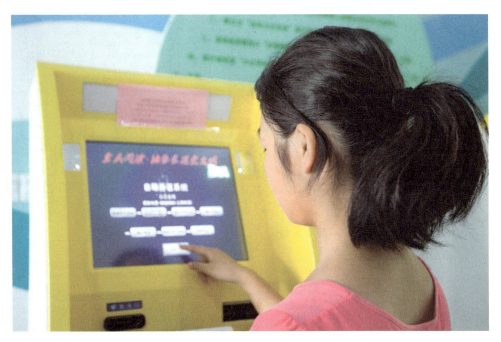

青少年学生在张家港市少年儿童图书馆自助办证

低幼儿童的阅读空间要色彩鲜艳、造型各异，造成直观的视觉冲击，除此之外，低幼儿童的空间还要强调安全性，书架、桌椅等家具的边角要圆滑，避免有锋利的尖角，电源线、电源开关等要隐藏起来或是有安全帽保护。由于婴幼儿年龄较小，大多还不会行走，喜欢在地板上爬行或是坐立，所以最好在冰凉的地板中央摆放一块地毯，供孩子在上面自由爬行和玩耍。通常这也是婴儿活动开展的一个区间划分，国外面向低幼儿童服务、活动的开展都会在中间放一块地毯，作为活动开展空间的圈定标记。地毯要定期清理、消毒，保证干净、卫生。婴幼儿的自控能力较差，感情波动较大，有时会大喊大叫，甚至大声啼哭，所以屋顶、墙壁最好选择一些降噪的材料，尽量避免对图书馆内的其他人群产生影响。阅读空间内也可以适当放置一些玩具、手偶等供家长或馆员在讲故事时使用。室内光线要好，多采用玻璃式建筑，增加自然采光，注意屋内空气的流通，冬天还要注意保暖，为孩子提供一个健康的环境。

张家港市少年儿童图书馆国风斋

儿童空间应该色彩鲜艳，通过在室内摆放一些装饰物、手工艺品或玩偶，种植绿植或是养一些小鱼等，增加图书馆的生机与活力。在儿童空间里，还应该设计一些供孩子们集体讨论、学习与游戏的空间，因为小孩子喜欢扎堆在一起，喜欢集体活动，所以图书馆应该为他们设计具有此种功能的空间，满足他们的需求。由于儿童大多数还不具备独立来馆的能力，在很多情况下需要父母的陪同，因此儿童图书馆内最好为成人设计一些休息与读书的区间，供家长陪同孩子读书或在一旁等候孩子时使用。

青少年处于转折期，他们不愿意别人再把他们看成小孩子，不喜欢与儿童待在一起，喜欢自己独处，所以最好为他们提供一个单独的空间。封闭、独立、安全是这个年龄段孩子空间的主要特点。由于多数的青少年在这个时期开始有了自己的秘密和隐私，因此他们更喜欢独处，喜欢有一个属于自己的空间，所以在进行空间设计时可以利用书架的不同摆放为他们隔出隐秘的独立空间。少儿阅读强调舒适性与趣味性，所以在青少年活动空间内除摆放一些正规的阅览桌椅之外，还应该放置一些非正式的休闲座席，如在地上放一个小垫子，放一些小豆袋供孩子们席地而坐，也可以放置一些休闲沙发，供孩子们放松、休息。如果阅读空间面积比较小，可以设置一些阶梯式的座椅。

张家港市少年儿童图书馆认识到了环境对于阅读的重要影响，以环境激励理念为指导，在阅读环境上做了精心布置，如在0—3岁宝贝启蒙区，设置了幼儿读者喜爱的、色彩艳丽的蘑菇等元素来活跃空间氛围；在3—6岁幼儿启智区，围绕大树进行环境设计；在小学生借阅区，以浅绿色为主，设计了台阶式书架；中学生借阅区则布置得古香古色，给读者以浓烈的传统文化气息。该馆期望通过环境的精心设计和布置，创造出亲和力强的阅读环境，使小读者受到阅读的魅力，让少儿图书馆成为小读者阅读的天堂。

(四)出生即阅读

出生即阅读的理念来自美国图书馆协会提出的亲子阅读建议,即从0岁开始阅读启蒙,并将阅读启蒙的重点放在阅读兴趣和亲子关系上。根据该协会的观点,和孩子分享读书的乐趣是孩子一出生就应该给他们的礼物。为孩子念节奏明快的儿歌、童谣,给孩子唱歌、给孩子读故事,都可以安抚孩子的情绪,听读是今后孩子独立阅读的基础。最初的阅读活动做得越多,越有可能培养出好的阅读者。因此,美国非常重视儿童的早期阅读,将其视为早期教育的重要组成部分。与之配套,美国图书馆协会下属的儿童图书馆服务协会同期推出了出生即阅读的全国性婴幼儿阅读推广示范项目,并于1994年在美国的3个图书馆开始试点。项目通过俱乐部或授课的形式,宣传了早期阅读的重要性,指导父母如何开展亲子阅读。为了让更多的图书馆加入这个项目,该协会制作了配套的图书:培训手册《出生即阅读:多早开始都不算太早》、推荐书目和视频,同时在该协会网站设立了项目专栏。

如何从0岁开始培养出一个好的阅读者,儿童图书馆服务协会给出了如下阅读建议:从出生开始每天给孩子读书;给孩子唱歌,反复念诵儿歌童谣;带孩子去图书馆,了解图书馆的故事,借书回家读;选择有彩图的、文字简单的甚至无字的书;有感情地朗读,或者仅仅是用你自己的语言来讲故事;拿书的时候让孩子能清楚地看清画面,让孩子玩书;孩子一岁以后,鼓励孩子指出书中的物体、重复书中的单词或者是谈论书中的故事;对于孩子喜欢的书,要满足孩子反反复复阅读的需要;用对话式阅读方式帮助孩子参与到故事中去,从而发展他们的阅读理解能力;用你感觉最舒服的语言去读书或者讲故事,不一定是英语,可以是母语,给孩子讲你自己家庭、种族文化等方面的故事;通过和孩子玩关于单词的音、押韵的游戏帮助孩子发展音素意识,让孩子真正理解单词是由一个个小小的音组成的;鼓励大孩子给小孩子读书,让孩子看到家长读书,给孩子做阅读的榜样。这些阅读建议操作性强,可以参照执行。在与孩子进行早期阅读的过程中,一定要将早期阅读与识字区分开来。早期阅读的重点在培养孩子的阅读习惯,养成阅读的兴趣，让孩子发现阅读的美好，拥有愉快的阅读体验，这是早期阅读开展的主要目的，识字多少并不是最重要的。

出生即阅读理念的提出与人们对婴幼儿时期是人类智慧潜能开发的关键期的认识密不可分。美国心理学家布鲁姆曾提出著名的儿童智力发展假说，认为假如以 17 岁儿童的智力为 100，那么儿童长到 4 岁就已经具备了 50% 的智力，到 8 岁时有了 80% 的智力，剩下的 20% 是从 8—17 岁的 9 年里获得的。因此，0—4 岁是儿童接受早期教育的关键时期，而婴幼儿的早期阅读无疑是早期教育的重要内容。基于这个理论支撑，各国纷纷推出自己的婴幼儿阅读推广项目，比较成功的如英国的阅读起跑线运动、蠕动读者故事和童谣时间项目，美国的出生即阅读示范项目、鹅妈妈故事时间项目，德国的阅读的三个里程碑项目、阅读测量尺项目……美国出生即阅读的理念就是在理论和实践的推动下提出的，它将婴幼儿阅读的开始时间延伸至出生的时刻。

在英国、美国等国家婴幼儿阅读推广项目的影响和启示下，我国逐渐认识到婴幼儿早期阅读开展的重要性，以阅读推广为己任的图书馆降低甚至取消了未成年人使用图书馆的年龄限制，将入馆年龄的下限定为 0 岁，开辟 0—3 岁婴幼儿专区，鼓励家长带领低幼儿童入馆读书。张家港市以"书香张家港""全民阅读——让张家港更文明"为建设目标，大力推动阅读活动的开展，全市阅读氛围浓厚。在分级、分众开展阅读的过程中，更是将婴幼儿阅读纳入自己的阅读体系。张家港市少年儿童图书馆意识到婴幼儿时期阅读开展的重要性，以出生即阅读的理念为指导，设置了母婴哺乳室，开辟了 0—3 岁的宝贝启蒙区，专门针对婴幼儿的特点进行空间布局，合理配置设施设备、阅读资源。在宝贝启蒙区设置宝宝爬行道、玩具屋等，让低龄儿童能够在嬉戏玩耍中享受阅读带来的快乐。

（五）培养阅读习惯，激发阅读兴趣

少儿阅读不同于成人阅读，不追求阅读的数量和深度，而是将阅读体验和阅读感受放在更加重要的地位。培养良好的阅读习惯，激发少儿的阅读兴趣是少儿阅读追求的目标，这种理念在国内外出台的一些文件中可以窥见一斑，如1994年修订的《公共图书馆宣言》中，将从小培养和加强儿童的阅读习惯列为公共图书馆十二大任务的首要任务。国际图联制定《面向婴儿和蹒跚学步儿童的图书馆服务指南》的主要目的就是通过玩具、图书、多媒体资源等丰富的馆藏资源和服务活动为婴幼儿和他们的家庭创造一个有利于阅读的环境，让他们从小养成喜爱读书的良好习惯，从而促进各项技能（语言、交流沟通、感情）的发展。英国的《中学图书馆指南》提出了十个核心建议，其中之一就是努力将学生培养成为独立的、养成终身学习习惯的学习者。1988年颁布的英国《教育改革法》，设立了学校图书馆服务机构，目标就是帮助学校图书馆使用最少的人力和物力激励每个孩子在很小的时候就养成阅读的习惯并具备终生学习的能力。

此外，在一些论著中，多次提及少儿阅读习惯和兴趣培养的重要性，如《图书馆学与资讯科学大辞典》将儿童图书馆设立的主要宗旨定义为儿童提供优良的读物、舒适的阅读环境、亲切完善的服务、鼓励儿童阅读、培养其阅读的习惯与欣赏图书的能力；杜定友先生的《儿童图书馆问题》一文认为儿童图书馆的第一个目的就是养成儿童的读书习惯；杨鼎鸿的《儿童图书馆在教育上之价值》提出图书馆在教育上的六个价值，其中一个价值就是自学读书习惯的养成。在孩子小时候养成良好的阅读习惯，培养他们的阅读兴趣，将使他们受益终生，将阅读的种子在孩提时候播种，是送给孩子最好的人生礼物。江苏的"书香校园"活动同样宣传了一种理念，即阅读不仅能够使一个人的精神世界蓬勃葱茏、气象万千，而且阅读能力的高低直接影响到了一个国家和民族的未来，而一个民族阅读能力的高低和整个民族阅读习惯的培养是从孩童时期开始的。少儿的阅读既是自身的大事，也是一个民族、一个国家的大事。

正因为少儿阅读的重要性，使得很多中国家长走入误区，他们错误地将阅读同早期识字机械地结合起来，只注重孩子读图识字能力的培养，而不重视培养孩

青少年学生在张家港市少年儿童图书馆参加六一活动

子的思维能力、理解力及阅读习惯和阅读兴趣，有许多认识很多字的孩子并不喜爱阅读，原因在于有人教他们认字，却没有人教他们热爱阅读本身。看书不仅是看书上的文字，关键是理解文字所传达的信息和意义，要能够从阅读中找到乐趣。认字多了当然有助于阅读，但单纯以认字为目的最终将导致孩子失去对阅读本身的乐趣。所以阅读习惯和阅读兴趣的培养，不能简单等同于认字的多少，它是一种体验和感受，而我们需要做的是使这个体验和感受变得美好，让孩子从心里喜欢阅读，而不是将阅读作为一种负担和苦差事。

　　张家港市少年儿童图书馆以培养阅读习惯，激发阅读兴趣的理念为指导，注重阅读的趣味性，在阅读过程中穿插一些游戏和活动，让阅读更加有意思。尤其是针对低幼儿童的阅读，除了在阅读内容、阅读方式上下功夫，还重视相关设施设备的选择和阅读空间环境的打造。如在宝贝启蒙区设置玩具屋、宝宝爬行道，选择幼儿喜爱的、色彩艳丽的蘑菇等元素来活跃空间氛围；在幼儿启智区放置一棵树，营造树下读书的自然风光。总之，尽其所能将阅读设计成一件愉快的事情，让孩子们在轻松、快乐的氛围下喜欢上阅读，让阅读成为陪伴他们一生的朋友。

第四章

张家港市少儿阅读服务体系

近年来,张家港市积极探索图书馆总分馆制建设,以张家港市图书馆、张家港市少年儿童图书馆为总馆,各区(镇、街道)图书馆为分馆,村(社区)综合信息服务站和24小时图书馆驿站为服务点,流动车为补充,大力打造了以公共图书馆为龙头的总分馆服务体系,也构筑了更为完备的少儿阅读服务体系。

一、少儿阅读主阵地和总指挥——张家港市图书馆与张家港市少年儿童图书馆

（一）张家港市图书馆概况

回顾张家港市图书馆建馆和发展的历程，会发现这是一个历史并不长，但一直保持跨越式发展的综合性县级公共图书馆。1962年，它还只是沙洲县文化馆的一个图书室。1976年，沙洲县正式成立了图书馆，与文化馆一套班子、两块牌子。1984年11月7日，建筑面积为1100平方米的图书馆大楼落成，与文化馆分开单设。2001年9月28日，建筑面积为1.25万平方米异地新建的图书馆对外开放，成为当时江苏全省首个面积突破1万平方米的县级图书馆。2019年9月26日，总投资1.2亿元、建筑面积为1.5万平方米的张家港市图书馆搬迁至

1984年11月7日，沙洲县图书馆开馆典礼

张家港市文化中心内。截至 2023 年年底，张家港市图书馆共有藏书 299.8 万册次，累计收录地方文献 4670 种、8538 册，设有综合借阅室、少儿借阅室、报刊阅览室、读者自修室、盲文图书馆等多个服务窗口，数据可存容量 105T，馆内千兆局域网用专线光缆接入，是全市最大的文献收藏借阅中心、信息服务中心、学术活动中心和社会教育中心。仅在 2023 年，张家港市图书馆就采购新书 29414 种、80782 册，新增读者证 2.1 万余张，订购期刊 939 种。

多年来，张家港市图书馆始终围绕"全民阅读，让张家港更文明"的主题，精心打造百姓书房、智慧家园的服务品牌；同时，依托自身优势，率先在全国探索公共图书馆总分馆制建设，在全市形成了覆盖城乡、布局合理、资源共享、便捷高效、实体虚拟相互交融的公共图书馆服务体系，各项工作在高平台上不断实现新的跨越，先后获得全国"服务农民 服务基层"文化建设先进集体、文化部"最美基层图书馆"、江苏省内首家"中国书业年度图书馆"、全国一级馆、全国"全民阅读示范基地"、江苏省文明单位、江苏省文明图书馆、江苏省社会科学普及示范基地、苏州市文明单位标兵等一系列荣誉称号。

张家港在构建公共图书馆服务体系上起步较早。2004 年，张家港在全省率先开始建设公共图书馆总分馆制系统，市图书馆通过与镇图书馆合作建设分馆，实现了市镇图书通借通还，至 2007 年实现市镇系统全覆盖。2011 年，进一步明确分馆建设标准，如建设主体、馆舍规模、人员配备、服务要求等，在市馆设立文献采编中心和图书流转中心，实现了全市图书馆文献资源的统一采购、分编、调配和系统流转。同年，张家港市图书馆以公共文化服务体系示范区创建为契机，把村图书室、农家书屋全面纳入全市图书馆通借通还系统，把所有的图书分期、分批进行回溯建库，录入全市总书目数据库，此举增强了村图书室、农家书屋的服务能力。2012 年 4 月，永联村图书馆还被中国阅读学研究会授予"华夏书香地标"称号，村图书馆面积为 800 平方米，藏书 3.1 万册，还在居家养老中心、外来工集宿中心、江苏永钢集团有限公司炼钢车间设立了 3 个面积为 50

2016年,张家港市图书馆组织开展学龄儿童阅读理解监控能力研究

平方米的图书阅览室,村馆与服务点之间的图书定期流转,提高了服务效益。

借助于逐步完善的服务网络,张家港市图书馆将工作的重点落在了推进全面阅读、营造书香社会上。早在1995年,张家港市图书馆就以办好基层图书馆和加快家庭"四个一"工程(每家有一顶书柜、一份报纸、一份杂志、一百册图书)建设为重点,在全市广泛组织开展了万户读书活动。该年,全市26个镇图书馆新增图书5.23万册,有8000多户家庭达到"四个一"的要求。从2006年开始,张家港市连续19年举办"全民读书月"活动。活动覆盖了社区、企业、机关、学校、家庭,从市领导到普通市民都参与了读书活动。2021年,张家港市图书馆推出了"张图网借"图书配送服务,开展通过手机免费在线借书、图书快递到家的惠民服务,实现线上借阅、物流到家,图书配送范围覆盖张家港全域，满足广大市民群众居家看书的时代阅读需求。"张图网借"图书配送服务从2021年7月1日开展至今，已外借图书12252册。同时持续推动阅读下基层流动服务，依托流动图书车，开展进基层服务160多次，惠及读者5000多人次，实现全市总分馆体系图书馆流转14.4万册，有效激发了基层读者的阅读需求。

少儿阅读服务的开展是张家港市图书馆十分重视的重点工作之一，而且近年来做出了许多具有代表性、创新性的实践。2016年，张家港市图书馆在全省率先开展学龄儿童阅读理解监控能力研究，对张家港市深化儿童阅读起到重要作用；还打造了"5+2"馆社研学活动、文化小志愿者实践活动、张图妈妈故事会等多个阅读品牌，吸引了越来越多来馆小读者和家长的参与。

张家港市少年儿童图书馆外观

张家港市少年儿童图书馆芽芽园

（二）张家港市少年儿童图书馆概况

改造后的张家港市少年儿童图书馆主体有4层，建筑面积为12500平方米，藏书35万册。整个馆舍突出借阅一体、动静结合和环境激励的特点，布局紧凑，童趣盎然，针对幼儿、少儿、小学生、中学生等不同年龄段的读者对象设有四大服务区域。全馆实行免费办证、免证入室、免费阅览，打造有手指谣亲子读书会、彩虹姐姐故事会、文明礼仪小课堂、画信、青少年阅读夏（冬）令营等一系列阅读活动品牌，在全市产生了广泛的影响，目前平均每天接待各类小读者超过2000人次。

自单独建馆以来，张家港市少年儿童图书馆始终围绕窗口服务、阅读推广、业务辅导等重点内容开展工作，取得了令人瞩目的成绩，受到了上级部门的肯定和表彰，先后荣获全国一级馆、全国"全民阅读先进单位"、全国"最美绘本馆"、全国"十佳"绘本馆等国家级荣誉,在中国图书馆学会举办的各类活动中多次获得优秀组织奖。

(三)两馆在推进少儿阅读工作中的主要职能

张家港市图书馆少儿借阅室和张家港市少年儿童图书馆承担着组织开展全市少儿阅读工作的中心职能。在尽可能全面地收藏、保存全市少儿信息文献资料的同时,还兼具少儿阅读指导中心、少儿社会教育中心和少儿信息素养培养中心的重要职能。

阅读是培养青少年获取知识能力、独立思考能力、理解能力的重要手段,是影响其一生的一种健康、有益的生活方式。为了给全市的少年儿童提供正确的阅读指引,张家港市的市级两馆积极制订全市未成年人阅读发展计划,推进未成年人阅读推广活动的业务培训,提高基层从业人员的业务水平,并联合业界、学界开展未成年人阅读的相关研究。在阅读活动的设计中坚持分众化原则,按照未成

张家港市少年儿童图书馆童话屋

年人的年龄特点推出有针对性的阅读活动，如针对0—3岁婴幼儿的宝贝启蒙行动、3—6岁儿童幼儿启智行动以及针对学校的"红读"活动等。在儿童阅读指导过程中，注重儿童的阅读兴趣和知识结构的差异，通过开展形式多样的阅读指导活动，对不同群体，甚至是个体的少年儿童提供有针对性的指导，从而达到激发阅读兴趣的目的。

作为全市少儿社会教育中心，张家港市的市级两馆十分注重通过阅读活动的组织和开展来提高青少年的思想道德素质和科学文化素养。他们依托图书馆自身的人员和场地优势，依托图书馆馆员的专业服务，通过开展少年儿童喜闻乐见的活动，为少年儿童提供了一个良好的教育大课堂，营造了书香社会从娃娃抓起的良好氛围。图书馆在亲子阅览室的基础上举办系列少儿阅读推广活动，同时，还通过悦读阅美公教课程、"童话里的城"张家港市童话节系列活动、"我们的节日""红读"征文等活动，面向全市青少年举办季节性、主题性的系列活动；此外，还发布了《特需儿童阅读服务指南》，推出了图书馆与孤独症儿童——阅读箱子计划及"爱心悦享会"走进特殊儿童文化志愿服务活动等，推动阅读疗愈服务。

张家港市市级两馆的未成年人服务，还具有培养少儿信息素养的积极作用。通过引导青少年群体走进图书馆，熟悉图书馆的环境、排架、分类及信息检索功能、借阅流程，培养了他们主动利用图书馆的习惯，提高了他们的文化素养和学习能力。张家港市少年儿童图书馆以活跃假期文化生活、提供学习实践平台、营造文明阅读氛围为目标，开展了招募文化小志愿者的实践活动，参与的小读者要负责图书管理、文明监督等活动。这一实践获得了张家港市未成年人思想道德建设创新案例二等奖。

张家港市市级两馆面向未成年人的各类主题鲜明、内容丰富、形式多样的阅读活动和服务的开展，促进了张家港以读书为荣的城市风尚形成，更将一颗爱阅读的种子播撒在孩子们的心田。

二、少儿阅读服务网点——市图书馆镇（办事处）分馆与"五位一体"综合信息服务站

在张家港市的整体建设中，注重城乡统筹是其比较突出的特点。在以城市标准规划农村，以社区标准建设村庄，以市民标准培育农民。在目标的指引下，公共文化事业得到了长足发展，公共图书馆服务体系特别是少儿阅读服务的网点也得到了不断的建设和强化。

张家港的城乡一体化发展是从 1999 年起步的，他们从规划着手，先后进行了 5 次行政区划调整，在规划时不再区分城市和农村，而是以组团式的城市群落规划全市，把最多时的 26 个镇、513 个村整合为现在的 8 个镇、182 个村。为进一步缩小城乡差距，张家港市财政每年出巨资用于农村基本建设，有效提高农民生活质量。着力构建了农村医疗卫生、文化体育、基本保障和救助、公共安全

大新镇双杏书院阅读活动

全国最美农家书屋——经开区（杨舍镇）善港村农家书屋（麦畑花舍）

等 8 大类服务体系。如今全市各行政村都建起了道路宽敞、环境优美的社区。

农民集中居住了，村委会变社区居委会了，硬件设施优化了，并不意味着农民就变成市民了。因此，张家港十分重视城乡一体化工作中文化工作的开展。2004 年，张家港市在江苏省率先启动建设公共图书馆总分馆制，各乡镇图书馆与市图书馆合作建设分馆，从而实现市镇图书的通借通还。2006 年，启动新农村文化建设，将总分馆体系建设向村（社区）图书室延伸，至 2007 年实现了全市镇图书馆系统的全覆盖。2008 年底，实现了农家书屋全覆盖和市镇村（社区）图书馆（室）一卡通用、通借通还。

2011 年，张家港市进一步明确了各乡镇（办事处）分馆的建设标准。每个乡镇分馆要达到建筑面积不小于 800 平方米，藏书不少于 3 万册，专职管理员 3 人；办事处（非建制镇）分馆建筑面积不小于 300 平方米，藏书不少于 2 万册，专职管理员 2 人的标准。此外，还完成了以农家书屋、村（社区）图书室、党员远程教育网络、文化共享工程基层点、公共电子阅览室为基础的"五位一体"农村综合信息服务站的建设，率先实现了文化信息资源共享工程全覆盖。每个农村综合信息服务站的面积要不小于 80 平方米（不含文化资源播放室），藏书不少于人均 1 册，计算机不少于 7 台，专、兼职管理员 1 至 2 人，并且可与市馆、镇分馆通借通还。以市图书馆（市少儿图书馆）为核心馆，以镇（办事处）图书馆为分馆，城区社区、镇村（社区）基层综合信息服务站为服务点，图书流动车为补充的县级公共图书馆总分馆服务体系建成，实现了全市图书馆文献资源的统一采购、分编、调配和系统流转。

走进这些基层分馆和服务点一个直观的感受是，在这里专门面向青少年儿童开展的阅读服务工作得到了高度的重视。尽管是分馆或是基层服务点，但从空间的设计、装修装饰、采光和家具配置上，都考虑到为青少年儿童营造一个更温馨、自如、舒适的阅读环境，使其更有归属感。许多细微之处都是按照少年儿童

南丰镇文体服务中心凡心空间

"书香传韵　善美金塘"本土作家走进文化中心活动

的实际需要来布置的，体现了对于小读者的人文关怀。在镇（办事处）分馆内，少年儿童阅览室与成人阅览区分隔，配置兼具安全性、实用性和趣味性的儿童桌椅、地毯、书架，充分体现了以儿童为本的理念。一些条件比较好的馆还设置了专门的故事区、亲子活动区和青少年阅览区等，确保为不同需求的儿童提供满意的服务空间。农村综合信息服务站也有意识地设置童书专架，引导和鼓励青少年儿童阅读并分享阅读的领悟、感受等。

市图书馆镇（办事处）分馆与"五位一体"综合信息服务站的服务网络建设和对少儿阅读服务的关注，使得张家港市少儿阅读服务在基层有了有效开展、扎实推进的有力抓手，更广泛地铺开了少儿阅读服务的网络，体现了书香城市建设中对广大少年儿童的特别关照。

三、少儿阅读服务点补充——24小时图书馆驿站

张家港市作为我国经济发达的县级市之一，一直致力城乡一体、公益普惠、均等便利的公共图书馆服务体系建设。积极探索公共阅读服务方式的创新，提升村（社区）图书室的运行效能，2013年，张家港市开创性地启动了阅读服务零距离的创新载体——图书馆驿站的建设。在街道、社区等地24小时开放、自助服务的图书馆驿站，真正做到让读者可以随时阅读、自主选择，成为在百姓身边永不打烊的图书馆。

图书馆驿站无人值守、智能化管理的特点，为读者创造了自由、有序的开放模式的阅读环境。读者可在任何时段利用市民卡或读者证刷卡进馆。从进馆、取阅图书、开通功能、借还图书到出门都是由读者自助完成。门禁系统可有效防止

全市首家24小时图书馆驿站——梁丰小木屋

未履行外借手续的图书被带出驿站。有读者入内时,驿站内的照明、空调等设备会自动开启,当读者离开后,在室内无人的情况下系统会在10分钟后自动进入节电模式。驿站内图书与市图书馆、各个分馆实行通借通还,市图书馆每月定期更换新书200册。此外,驿站还提供免费Wi-Fi,设有电子阅览平台,市民可随时下载与市图书馆数据库共享的二维码电子书。驿站配备多台能访问张家港市图书馆数据库的计算机,方便读者查阅电子图书、电子期刊、学位论文等各种资源。所有的图书馆驿站均考虑到了提供符合青少年群体阅读习惯的各类图书,一些驿站还专门设立了童书阅读专架,方便小读者取阅。

2020年,全国首个县级市24小时图书馆驿站建设规范正式发布运行。该规范立足贴近主题、实施规范、功能合理、形式新颖、服务群众等目标,通过专家研讨、基层调研、数据评估、问计于民等方式,创新形成包括建设原则、主要功

购物公园24小时图书馆驿站

能、建设类型、建设模式、馆舍建设、安全管理等14个板块、32个细分类别的24小时图书馆驿站建设规范，并结合基础设施、阅读资源、保障条件、服务效能、创新指标等环节，制定翔实、具体的运行评估指标，做到严格用数据说话，实现规范运行，确保服务达标，并明确24小时图书馆驿站内部功能布局结合读者需求，应设立图书阅读区、数字阅读区、休闲放松区、便民服务区等，少儿阅读区尽量与成人阅读区分开，有条件的24小时图书馆驿站宜设视障借阅区、活动交流区、公告展示区等。这为24小时图书馆驿站内少儿阅读服务点的建设提供了保障。

自驿站运行以来，人气旺盛、秩序井然、效能显著，越来越成为社区百姓日常文化生活不可或缺的场所。更为可喜的是，自由而健康、有序而温馨的阅读空间，以及与基层社区融为一体的设施布局，使得许多原本不愿意到固定设施场所阅读的青少年也开始结伴光顾了。驿站不仅为当地的农民工提供了找书充电的好去处，而且也给孩子们提供了放学后可以停留或做作业的地方。图书馆驿站里，老人们带着孙辈感受书香气息、爸爸妈妈与孩子共读的情景时时都在发生。

尽管是一处自助服务的公共场所，但是在图书馆驿站中，各地的居民也自发地组织了许多丰富多彩的阅读活动。比如，东莱办事处文化中心24小时图书馆驿站，组织了"书的再生"循环书、港美园艺自然课、每天心中开出一朵花、最经典·微阅读、"快乐小书房"亲子绘本阅读等阅读活动，吸引了许多青少年读者的参与。系列化、项目化、常态化开展阅读活动，成功推动驿站从静态阅读空间向动态阅读服务场所转型，驿站设施的吸引力明显增强，阅读服务的覆盖面明显扩大。

四、少儿阅读服务的"图书馆+"扩充——幸福家长驿站、文教全面战略合作、小时候·绘本阅读联盟

随着时代的发展和技术的革新,衡量一个地区公共阅读服务体系的设计是否符合现代公共文化服务的时代要求,恐怕不仅要具备有力的阵地指挥、完备的设施网络、便捷的服务点补充,体系化的阅读服务提供,还应该能够借助社会力量有效地扩充图书馆功能的辐射范围。近年来,张家港市在张家港的公共阅读服务体系中,特别是少儿阅读服务体系里不断探寻少儿阅读服务的"图书馆+"扩充方式。其中,幸福家长驿站、文教全面战略合作、小时候·绘本阅读联盟等多种方式的实践,满足了少年儿童和其家长在忙碌的日常生活中的阅读需求、强化了对家庭阅读空间、阅读氛围的营造。

(一)幸福家长驿站

2016年5月,张家港市教育局、张家港市精神文明建设办公室联合下发《关于推进中小学校幸福家长驿站建设的意见》,以家庭教育指导服务为载体,推进

张家港市云盘小学幸福家长驿站

张家港市图书馆馆外服务点——花园浜幼儿园

学校、家庭、社会三方育人模式。目前，张家港市已建成179所幸福家长驿站。其中，张家港市云盘小学、张家港市暨阳高级中学两家幸福家长驿站和张家港市图书馆实现了共建共享。由张家港市图书馆提供图书和技术支持，统一调配、统一流转，与全市各级图书馆实行通借通还，实现数字资源、阅读活动共享。

这是一个重新盘活学校的设施资源用于推广少儿阅读、家庭亲子阅读、家长阅读的良好阅读空间，同时也是一个学校向广大家长宣传科学的家庭教育理念、知识和方法，努力实现家长与学校、学校与社会、家长与专家、家长与家长之间相互对接，促进培育优秀家长的成长营、形成良好家风的养成地、构筑幸福家庭的能量屋。与此同时，"幸福家长驿站"除服务在校师生和家长之外，还免费对周围的居民开放，成为公共图书馆服务的校园服务点，营造了浓郁的书香氛围，推动了全民阅读工程的发展。

(二)文教全面战略合作

2017年,张家港市文化广电新闻出版局和张家港市教育局联合出台了《关于开展张家港市文化和教育全面战略合作的通知》,旨在通过开展文化和教育全面战略合作,进一步推进公共文化服务供给侧改革,加快构建现代公共文化服务体系;进一步盘活社会、学校文化教育资源,提高资源综合利用率与服务效能;进一步传承中华优秀传统文化,提升未成年人文化艺术素养。

在该政策文件的引领下,双方围绕"促进艺术普及""推进校园阅读""扩大知识宣教""推进媒体运用""倡导文化服务"5个主题,推出27项合作项目,由各文化单位主要负责,由各学校自愿选择,加强合作,共谋发展。其中,张家港市图书馆、张家港市少年儿童图书馆在"推进校园阅读主题"主题中,推出"童话里的城"张家港市童话节系列活动、"书香恒久远"作品征集系列活动、"书香伴成长"作品竞赛系列活动、"阅读走基层"书香关爱活动4项合作项目。"童话里的城"张家港市童话节系列活动、"诗语少年"诗词进校园活动被评为张家港市文教战略合作优秀合作项目。

张家港市文化和教育全面战略合作签约仪式

(三)小时候 · 绘本阅读联盟

为推进张家港市绘本阅读工作更好地发展与进步,为张家港早期阅读推广工作奠定基础,按照资源共享、优势互补、利益共享原则,2019年,张家港市少年儿童图书馆推出了"小时候 · 绘本阅读联盟"项目。该项目既有业界的支持,又有学界的加盟。南京小时候文化发展有限公司作为业界代表,与张家港市少年儿童图书馆签订了"小时候 · 绘本牵手共悦读"战略合作协议。双方以绘本为载体,通过组建"小时候 · 绘本牵手共悦读"故事妈妈义工团、开设《名师小喇叭》栏目、举办张家港市本土原创绘本创作比赛、开展前沿性的儿童早期阅读课题研究、建立张家港地区原创绘本阅读联盟、推进绘本阅读基地建设等形式,开展多层次、多角度的互动和合作。2023年4月,在张家港市万红幼儿园挂牌成立小时候 · 绘本阅读联盟基地,正式确定中国原创绘本推广计划,包括业务人才培养、绘本阅读研究和推广、"幸福树亲子共读计划"实施、图书资源共享四大共建内容,相互协作,共同促进,共同讲好张家港市的"书香"故事。

张家港市少年儿童图书馆绘本阅读实验基地挂牌仪式

五、少儿阅读服务建设与发展的创新路径——城市益空间

阅读点亮城市文化灯塔，催生市民文明火花。作为新时代文明实践点的城市益空间，近几年来，如一颗耀眼的星星点缀着张家港全民阅读的星空。

（一）益空间 · 湖畔书房

为全面推动文明实践和城市文化建设提档升级，打造新时代颜值与气质兼修的魅力港城形象，2021年1月，益空间·湖畔书房正式启用。

该书房有上、下两层，面积为380平方米。一层为图书借阅区和有声阅览区，二层为非遗展示区、阅读活动区和文化休闲区。现有8000多册实物图书和14000多册有声图书，并开通运行了"声音里的张家港"官方电台，有包括张家港史记、传说、风俗、览胜、名贤、美食、非遗、诗咏及香樟树下九大内容板块，是张家港第一家有声图书馆。

益空间 · 湖畔书房

该书房先后入选江苏省文化和旅游厅 2021 年度"最美公共文化空间"打造对象、张家港市"港城 20 大生活美学场景"等榜单。

（二）沙洲湖益空间·源书房

沙洲湖益空间·源书房，源起于沙洲湖，与奔流不息的长江一脉相承。该书房以优化公共文化空间、助力全民阅读为主要出发点，以惠民服务为中心，积极倡导全新的创建理念，通过图书众筹、共享书香的方式，打造张家港市首个市民"捐赠图书馆"，赋予"最美悦读空间"更新底色、更暖特质、更强活力。

沙洲湖益空间·源书房

现有室内面积为 600 平方米，室外露台为 200 平方米，有各类捐赠图书 5000 余册。自启用以来，沙洲湖益空间·源书房以线上+线下相结合的方式，定制化开展公共文化服务，推动阅读、艺术鉴赏融入百姓生活，强调"静"阅读、"享"文化、"优"服务，全力打造集图书借阅、亲子活动、理论宣讲、展览展示、志愿服务为一体的新时代文明实践益空间。

(三)益空间·森林书屋

益空间·森林书屋位于张家港市梁丰生态园,是一家会呼吸的益空间。作为张家港市 2017 年政府民生实事项目之一,该书屋于当年 3 月 1 日起正式对外开放。现有建筑面积为 700 平方米,藏书 12000 余册,设有观景平台区、图书阅读区、休闲放松区、森林生态区、活动沙龙区等,融合了生态、实景、阅读、沙龙等元素。

益空间·森林书屋

在森林书屋,主打呼吸、氧吧的概念,最大程度还原大自然的生态体系。在这里,可以听见植物的声音。读者可随意坐在草地上或者矮凳上,在大自然中感受阅读的快乐。

这既是一座植物园,也是一间城市会客厅,更是一个儿童乐园,是孩子们健康成长的能量补给站。少年派读书会、草木滋味读书会、"一杯奶茶的力量"公益项目、"让我读给你听"朗读会等多个阅读品牌照亮着青少年的阅读之路。

(四)益空间·竹林童话书屋

益空间·竹林童话书屋

益空间·竹林童话书屋位于张家港公园内,利用公园天然竹林的环境优势,和本土童话作家孙丽萍的作品元素,构筑了一个梦幻清新的童话空间,是张家港市首个以童话主题为特色的最美悦读空间。

益空间·竹林童话书屋总占地面积为 300 平方米,有少儿图书 5000 余册,于 2019 年 6 月 1 日正式启用。主要由童话栈道、童话书屋、童话工作室、小小志愿者驿站四个部分组成,融自助式亲子阅读、儿童文学创作、童话剧表演、爱心公益、分享交流等于一体。

益空间·竹林童话书屋是一个专门为孩子打造的公共阅读空间,同时,也是老师与家长等探讨家庭教育、家校合作、阅读养成、亲子共读、心理交流的主阵地。在这里,儿童文学创作、论坛讲座、童话沙龙、童话剧表演、爱心公益、读书会等一应俱全。

(五)益空间 · 艺书房

益空间·艺书房位于张家港市文化中心内,建成于 2018 年年底,是张家港颜值与气质兼修的最美悦读空间之一，是新时代文明的实践点，也是城市文化的窗口。

益空间·艺书房面积约600平方米，设有雅、趣、沁、荟、萃和公共服务厅六个空间，秉承让艺术走进生活，艺术启智的理念，以艺术为核、活动为轴、创新为翼，分众化、对象化、互动化开展全民美育公共文化服务，推动阅读推广与音乐、美术、戏剧等艺术形式跨界联动、融合发展，点燃青少年对艺术的兴趣，推动青少年阅读素养的提升和养成。

"阅读新时尚·'月'读共成长"全民阅读公益项目是艺书房的一个优秀阅读品牌项目。该项目由阅读推广人赵宇发起。他是一名优秀作家，著有长篇小说《小时候，每天放学跑回家》《沙洲往事》《龙图腾》等，已正式发表70余万字。从2022年起，赵宇在艺书房策划了该公益阅读项目，倡导大家坚持每月读1本书，每年读12本书。

项目自推出以来，通过嘉宾精讲、导读同赏等形式累计开展线下活动271场次，先后入选2023年第十九届江苏读书节、第十八届苏州阅读节重点活动，获评第十七届苏州阅读节优秀活动奖；2023年12月，活动登上中央电视台中文国际频道《走遍中国》栏目；2024年，被江苏省委宣传部认证为江苏省一类公益阅读推广活动。

益空间·艺书房

第五章

张家港市少儿阅读服务的概况及具体内容

自2014年以来,全民阅读连续11年被写入政府工作报告。在张家港,全民阅读渐成风气,深入人心。

一、张家港市少儿阅读服务概况

在"全民阅读——让张家港更文明"为主题的"书香港城"建设过程中,少儿阅读作为全民阅读的重要和核心组成部分,获得了良好的发展机遇,受到了前所未有的重视。为了科学指导少儿阅读的开展,2012年张家港率先推出分众化阅读引导机制,将少儿作为一个专门的阅读群体区分开来,单独提供服务,并根据分众服务的原则,设立了面向不同年龄段儿童的阅读服务,如0—3岁的宝贝启蒙行动、3—6岁的幼儿启智行动、6—12岁的小学生乐读童年行动、12—18岁中学生喜阅青春行动。通过给不同年龄段的孩子提供适龄的图书馆服务,让少儿阅读服务变得更具针对性,从而提高阅读服务的效果。除了以年龄为区分标准提供专项阅读活动,张家港市还创立了很多主题阅读活动及品牌阅读活动,如手指谣亲子读书会、彩虹姐姐故事会、少儿阅读邮局、文明礼仪小课堂、"我是故事大王"故事会、"我与名人同月生"青少年名人故事会、诗语少年进校园、"童话里的城"张家港市童话节系列活动等。在分众与分龄服务理念的指导下,张家港市为少儿准备了丰富多彩的阅读活动。

"童心绘童话"张家港市少儿童画优秀作品展

张家港市除了为孩子们准备了丰富多彩的阅读活动,还非常重视阅读指导工作的开展,尤其在针对低幼儿童的家庭阅读指导方面做了很多功课。张家港市借鉴英国阅读起跑线项目的成功经验,从2014年开始免费给有6个月以下宝宝的家庭赠送婴幼儿阅读大礼包,里面含有宝贝阅读成长测量尺。这是将儿童身高与应该阅读的知识结合起来的测量工具,以一种一目了然的方式为家长提供亲子阅读指导。大礼包里还有1本亲子阅读辅导读物,指导家长在孩子成长的不同阶段开展亲子阅读,如让孩子读什么样的图书及怎么进行阅读等。2016年,张家港市再次在低幼儿童阅读方面推出新举动:发布全国首个《0—3岁婴幼儿阅读能力发展测评标准》,根据0—3岁婴幼儿生长发育特点,选取6个月、12个月、24个月和36个月4个关键年龄段,从阅读兴趣、阅读习惯、阅读能力3个维度提供考量参考标准,让婴幼儿家长等非专业人士能够根据婴幼儿日常行为进行测评,并依靠测评结果开展婴幼儿早期阅读。

张家港市少儿阅读服务的发展与其健全而完善的服务体系是分不开,星罗棋布的少儿阅读服务网点将丰富多彩的阅读活动和科学有效的阅读指导带到了孩子们的身边。在整个少儿阅读服务体系中,张家港市少年儿童图书馆是主阵地和总指挥,负责统筹规划,从分龄阅读服务理念的提出,到活动内容的策划,再到阅读指导的开展,张家港市少年儿童图书馆在其中起到了主导和推动作用。除了张家港市少年儿童图书馆这个主阵地,张家港市还构建起以市图书馆(市少儿图书馆)为核心馆,以镇(办事处)图书馆为分馆,城区社区、镇村(社区)基层综合信息服务站(公共电子阅览室、文化共享工程、党员远程教育、农家书屋、村社区图书室"五位一体")为服务点,图书流动车、24小时图书驿站等为补充的、覆盖城乡的总分馆式的公共图书馆服务体系,体系中的每一个节点都能够提供少儿阅读服务。除图书馆系统之外,以"图书馆+"的方式扩充少儿阅读服务,如与学校结合的幸福家庭驿站、文教战略合作、"5+2"馆社研学等。借助发达的少儿阅读服务体系,在张家港市,真正做到了阅读就在孩子们身边,并成为他们生活中的一部分。

二、张家港市少儿阅读服务的具体内容

在分众、分级阅读理念的指引下,张家港市少儿阅读服务按照年龄段区分为0—3岁的宝贝启蒙行动、3—6岁的幼儿启智行动、6—12岁的小学生乐读童年行动、12—18岁中学生喜阅青春行动等不同内容。

(一)不同年龄段少儿阅读服务的具体内容

1. 0—3岁宝贝启蒙行动

宝贝启蒙行动是张家港"书香城市"建设中面向0—3岁婴幼儿的专项阅读活动。行动旨在提高0—3岁婴幼儿父母及其看护人员对亲子阅读重要性和必要性的认识,提高其亲子阅读能力,形成快乐阅读、健康成长的氛围,从小培养孩子对阅读的兴趣和良好的阅读习惯,开发儿童早期语言及沟通协调潜能,增进父母与孩子的情感交流,提高张家港市居民家庭幸福指数。

宝贝启蒙行动的具体做法:公共图书馆与卫健委、妇幼保健院等机构合作,从母亲怀孕开始,与孕期检查相配合,阶段性地为准妈妈提供胎教指导,推送婴幼儿阅读启蒙的绘本图书、有声读物等,教授准妈妈为孩子讲述绘本图书的方法和技巧;孩子出生时,赠送新生儿阅读大礼包,包括多种适合低幼儿观看、观察的绘本图书、卡片、图画及有声读物,以及宝宝成长记录册、宝宝阅读记录册等;在哺乳期和幼儿期,配合婴幼儿身体检查,开展专门的婴幼儿阅读指导,指导家长如何利用绘本为孩子讲故事,如何激发与养成孩子的早期阅读习惯;等等。

宝贝启蒙行动纳入政府基本公共服务范畴,所需经费由市、镇(区)两级公共财政分担,纳入公共财政经常性支出预算。指导目标人群每天选择一个固定的时间,选择适合孩子的绘本或故事书和孩子共读,培养良好的家庭书香氛围,促进家庭和社会的和谐发展。

为了更好地推进宝贝启蒙行动的开展,张家港市利用市卫健委和市教育局认

定并授牌的0—3岁科学育儿机构现有的场地资源，增设亲子阅读设施。在苏州市级科学育儿示范基地建立宝贝启蒙小书房，在市妇幼保健所儿童保健科建立幼儿读书角，针对不同年龄段的目标人群配备相应的书籍和玩具，如亲子读本、益智玩具、拼图卡片、涂色板、有声读物等，让宝宝涂涂画画、摆弄装扮、和父母一起阅读，提升孩子的动手能力及语言表达能力。除此之外，还在其他的科学育儿基地建立亲子阅读角，实现低幼儿童阅读的全覆盖。

宝贝启蒙行动内容丰富，利用市妇幼保健所妈妈宝宝俱乐部保健服务平台，增设育儿课堂，搭建交流平台，定期为孕期的准妈妈们提供胎教、育儿知识的讲授等服务，帮助和引导准妈妈与胎儿互动，进一步丰富俱乐部活动内容；设置亲子阅读课程，依托《0—3岁科学育儿指导手册》及教育系统认可的有关0—3岁婴幼儿的启蒙教材，利用人口计生委0—3岁科学育儿基地和教育系统的幼儿园早教机构，积极开展亲子阅读。在市卫健委赠送4次0—3岁科学育儿免费体验的同时，丰富亲子阅读的内容和方式，并定期邀请苏州市0—3岁科学育儿专家团队，举办有关亲子阅读、早期启蒙的知识讲座；积极推行科学育儿·快乐家庭借阅计划，对苏州市级0—3岁科学育儿示范基地赠送0—3岁婴幼儿读本，指导家长根据孩子月龄借阅相应的书籍开展亲子阅读，在互动中体验亲子阅读的快乐，同时从小培养婴幼儿环保节约的理念；开设亲子阅读社区课堂。依托专业的社会热心人士、社工师等志愿者，建立宝贝启蒙社区课堂志愿者团队，进村进社区进家庭，通过广播专栏、社区讲座、家庭辅导等形式，开展专业化、系列化、个性化的宝贝启蒙亲子阅读公益指导服务，让社区内散居的婴幼儿体验到快乐阅读的乐趣；实行亲子阅读分类指导，各镇、村（社区）安排具有育婴师资质的妇保医生或基地老师上门走访0—1岁婴幼儿家庭一次，发放宝贝启蒙亲子阅读倡议书一份，赠送《苏州市0—3岁科学育儿指导服务手册》，指导婴幼儿看护人树立正确的育儿理念；由各基地和市妇幼保健所根据自身工作开展情况，向1—3岁婴幼儿及其看护人开放宝贝启蒙小书房（或亲子阅读角），并指派专人进行现场指导，帮助家长及时解决一些在阅读活动中出现的问题；在科学育儿体验课程中安排亲子阅读指导服务课程，使每一位0—3岁宝宝的父母或其看护人学会进行有质量的亲子阅读。同时，为每一个目标家庭推荐优秀的0—3岁亲子阅读书籍。

2. 3—6岁幼儿启智行动

幼儿启智行动是张家港"书香城市"建设中面向3—6岁少儿的专项阅读活动。该行动的具体做法：图书馆开展多种有针对性的亲子阅读活动，吸引家长和孩子参与，并通过设计具体的激励措施吸引家长和孩子连续性地参与活动，以保证亲子阅读活动的效果。图书馆联合幼儿园开展形式多样的儿童阅读活动。如图书馆定期举办幼儿教师阅读指导培训班，指导幼儿教师给孩子讲故事、培养儿童阅读兴趣与习惯的方法和技巧；图书馆走进幼儿园，在幼儿园开展亲子游戏、讲故事、绘本阅读等多样化的儿童阅读活动；幼儿园组织儿童开展"我的图书馆"活动，培养孩子与家长利用图书馆的意识。社区中心以社区和家庭为单位开展亲子阅读活动，鼓励各个家庭形成良好的阅读氛围，培养孩子的阅读习惯。

幼儿启智行动是针对3—6岁少儿设计的专项阅读活动，因为这个年龄段的孩子自主阅读的能力较差，更多地需要家长的参与和配合，所以这个年龄段阅读活动的开展以亲子阅读活动的方式为主，以幼儿活动的主要区域——幼儿园、社区中心和家庭为单位，以幼儿接触的主要群体——家长与幼儿园教师为阅读的主导力量开展各项阅读活动。图书馆作为阅读推广的主要机构，要主动走进少儿活动区域宣传并指导阅读的开展，以提供阅读资源、阅读指导为主，辅助家长开展阅读活动。

3—6岁这个阶段的少儿阅读读物主要是以绘画为主，并附以少量文字的绘本。对于低幼儿童来说，绘本是他们的入门书。国内外专家一致认为：绘本是最适合孩子阅读的图书形式。儿童心理学家的研究认为，孩子认知图形的能力从很小就开始慢慢养成。虽然那时的孩子不识字，但已经具备了一定的读图能力，如果这时候家长能有意识地和孩子们一起阅读绘本，营造温馨的环境，给他们读文字，和他们一起看图讲故事，那么孩子们从刚开始接触到的就是高水准的图与文，他们将在听故事中品味绘画艺术，在欣赏图画中认识文字、理解文学。著名心理专家郝滨老师认为："如果家长能有意识地选择一些优秀的绘本和孩子们一起阅读，既有助于孩子建构精神世界，促进其心智发展，又有助于培养孩子良好的道德品质和行为习惯。"可见，绘本阅读是启迪3—6岁少儿智力的有效方式之一。

3. 6—12岁小学生"乐读童年"行动

小学生"乐读童年"行动是以激发小学生的阅读兴趣为重点的活动方式，口号是"快乐阅读、幸福童年"，系图书馆为了培养孩子的阅读兴趣定期开展的阅读活动。小学生"乐读童年"系列活动中比较有代表性的是"我与作家面对面"儿童文学作家见面会、图书"漂移"换绿植、"我与古诗词对对碰"、张家港市少年儿童原创绘本创作、"童话里的城"张家港市童话故事节等，以及通过讲故事的形式，传授文明礼仪知识，普及文明礼仪行为的文明礼仪小课堂等。

"我与作家面对面"儿童文学作家见面会通过邀请著名儿童文学作家与小读者见面交流，现场互动问答，让小读者和作家有近距离接触的机会，活动最后有签名赠书环节；图书"漂移"换绿植活动就是让参与活动的小读者捐出两本七成以上新的闲置书，用以兑换清新可爱的多肉植物，活动中收集到的书籍将全部投入公益活动——"助学行动"中；从2015年开始，张家港市已连续7年开展张家港市少年儿童原创绘本的创作活动，鼓励学生写故事、画故事，馆方通过评选，择优选出优秀绘本进行版权申报、再通过精制作、深加工，免费发放给全市少年儿童阅读。活动共收到作品4000余件，其中已有53件作品入选，并有3个作品在《绘读绘写》期刊登出。

4. 12—18 岁中学生喜阅青春行动

中学生喜阅青春阅读行动,主要是以加大中学生的阅读量、增加青少年的国学知识为目的,通过好书推荐、学生沙龙、各类竞赛、阅读冠军评比等活动吸引更多的学生阅读。

代表性活动有少年派读书会、"我与名人同月生"青少年名人故事会等。其中最具代表性、开展最广泛、持续时间久、开办效果好、影响力大的是少年派读书会和"我与名人同月生"青少年阅读系列活动。

少年派读书会活动是从 2022 年 7 月开始的,由张家港市图书馆和益空间·森林书屋共同完成,详见表 5-1。读书会从策划到执行均由青少年学生自主完成,目的是让青少年在活动中发挥才智、锻炼能力,在阅读中成长明智,发现美好。活动自开展以来,就受到张家港市常青藤实验学校、张家港市梁丰初级中学、张家港市凤凰中学等多个学校的欢迎和好评。在 2022 年中央电视台中秋联欢晚会活动中,还参与了"传奇中国节"的现场录制,向全世界展现了张家港市青少年的阅读风采。在长江文化节中,青少年学生参与了与知名作家马伯庸的对话和交流,共同探讨了什么是阅读。

表 5-1 少年派读书会 2022 年活动情况表

序号	活动时间	活动主题
1	7月9日	漫卷诗书读娥眉
2	7月16日	看万山红遍
3	7月23日	品名士风流
4	7月30日	诗通中外　文达古今
5	8月6日	我在香樟树下等你
6	8月7日	品名著　论勇气
7	8月27日	让历史"fashing"起来——文旅大V高峰对话
8	9月10日	倚楼听月最分明中秋诗会

"我与名人同月生"青少年阅读系列活动自 2014 年 5 月开展以来受到了老师、家长、青少年学生及志愿者们的广泛关注，主要内容包括开设"青少年阅读之星"专栏、青少年阅读交流互动活动、"我与名人同月生"名人故事会、"悦读小管员"文化志愿服务和"悦读明星"评比五大子活动。该系列活动在《冶金园·大锦丰》周报上开设了《青少年阅读之星》专栏，通过下发通知、召开专题

"少年派读书会"活动现场

"我与名人同月生"青少年名人故事会活动现场

会议及利用各村（社区）农家书屋阵地，在各中小学校进行大力宣传、发布相关报名信息，鼓励中小学生投稿名人故事体会，从中甄选出佳作进行刊登。通过开设此专栏，引导孩子交流阅读收获，分享阅读体验，进一步激发青少年阅读兴趣，提高写作水平。为使青少年学生对名人的生平事迹、励志故事、主要著作等取得全方位的认识和了解，举办双月交流互动活动，通过学生听、说、看、演、写闯关的学习形式，志愿者讲、导、评的交流互动方式，图文结合、影片播放、动静交替、引领阅读与自主阅读相结合的互动交流模式，充分调动学生们的阅读兴趣，使他们在寓教于乐中对周恩来、海伦·凯勒、杨红樱、安徒生等古今中外名人的生平事迹、励志故事、主要著作等有了进一步的认识和了解。名人故事会主要是阅读推广人、文化志愿者们围绕"我与名人同月生"这一活动主题，利用放学后、周末、节假日等闲暇时间不定期地在文体中心图书馆内组织开展，并根据不同年龄段学生的特点，收集相关名人的照片、简介、事迹，以及相关书籍作为教学内容，通过开展好书推荐、经典美文诵读、角色朗读、读书笔记交流展览、阅读分享会、"悦读小馆员"文化志愿服务心得体会分享等活动，引领孩子们走近名人，了解名人的生平和著作，学习名人的品质，激发阅读兴趣，掌握阅读方法，提高阅读能力。为确保"我与名人同月生"活动的顺利开展，主办方还会招募"悦读小馆员"，帮助维护图书馆内的阅读秩序，爱护环境卫生，辅助馆员进行文献的借还、整理上架，并对不文明行为进行制止，为到馆的读者们创造良好的阅读环境，从而带动吸引更多新读者走进图书馆参与阅读。同时，为提高参与者的积极性，定期对"我与名人同月生"青少年阅读——双月交流互动、名人故事会、文化志愿服务等系列活动中，涌现出来的表现突出的优秀读者、志愿者们进行筛选、投票、评比，选出"悦读明星"进行公示。"我与名人同月生"青少年阅读系列活动开办以来，受到了中小学生的喜爱。

（二）不同年龄段儿童的重点阅读项目介绍

1. 阅读大礼包——0—3岁婴幼儿及其家庭的早期阅读计划

为了使孩子从小就养成阅读的良好习惯，参照国外低幼儿童阅读推广项目的经验与做法，从2014年开始，张家港市正式推出阅读起跑线计划项目，作为分众阅读的一项新举措。该项目通过免费派送阅读大礼包、提供亲子阅读指导的方式，面向张家港市0—3岁婴幼儿家庭推行早期阅读。阅读大礼包共有六件物品，包括一册婴幼儿阅读指导用书《阅读：种下一颗幸福树》，一把用于测量宝宝身高的宝贝阅读成长测量尺，一本记录家长和宝宝阅读点滴的《阅读记录册》，两册适合婴幼儿益智阅读的宝宝布书，还有一个妈咪随身包。除派送阅读大礼包之外，在整个宝贝阅读起跑线计划中还针对婴幼儿家长开展专家讲座、父母课堂、亲子活动、分享交流等多种形式的阅读活动，向家长普及早起阅读的基本知识，介绍各个年龄段儿童阅读的特点、兴趣及家长应该采取的正确的亲子阅读方式，开列出适合不同年龄段儿童的阅读书单，为儿童阅读的全面发展提供均衡"营养餐"。此外，项目还对参与项目的家庭做跟踪服务，委托第三方专业机构对宝宝的阅读能力进行测试和评估。阅读起跑线计划借助专业机构的专业知识，帮助家庭早期阅读的开展，让孩子从小就种下阅读的种子。

免费派送给 0—3 岁儿童家庭的阅读大礼包

2. 0—3 岁手指谣亲子读书会

在分级阅读理念的指导下,张家港自 2015 年 6 月起,面向 0—3 岁婴幼儿及其家长推出了手指谣亲子读书会。该读书会每周日上午举行,每次 45 分钟时间,通过听故事的方式,培养低幼儿对故事的兴趣,任课教师为馆员和阅读推广人。读书会有故事讲述、游戏互动等内容,分问好时间、听讲时间、模仿时间、游戏时间和再见时间五个环节。

手指谣亲子读书活动在一楼的芽芽园举行,蓝天、白云、星星、月亮、五彩蘑菇……走进色彩艳丽的芽芽园就是一个充满书香的童话世界。这里有宝宝爬行道、育婴室,书架上满是大大小小的布书。任课教师主要通过手指操等边唱边动手指的方式,用儿歌和童谣带着孩子一起来阅读。

手指谣亲子读书会是专门针对 0—3 岁低幼儿童开展的一项阅读服务,是一个将儿歌与游戏相结合的语言活动,由志愿者引导宝宝一边学习有趣的儿歌,一边做动作，充分调动孩子视觉、听觉及触觉的积极性，在儿歌的节奏中、在有趣的亲子游戏中掌握简单的语言及数字，认知自我及生活中常见的事物，让宝宝各方面的潜能得到挖掘和发展。手指谣亲子读书会主要以听为主，听玩相结合的方式开展，以促进语言发育和培养阅读行为，促进大脑发育，提升智力为主要目的，让宝宝全身心都得到协调发展，同时通过亲子之间的互动让宝宝感受来自父母的浓浓爱意。

手指谣亲子读书会的策划初衷是希望在游戏和音乐的轻松氛围中，让孩子对自身、对周边的事物有一个简单的认知，其目的不是学习知识和文字，而是以培

手指谣亲子读书会现场

养孩子愉快的阅读体验为最终目的的。基于这个目标，活动开展的主要形式是绘本阅读加手指谣游戏，通常挑选一本文字较少的绘本由馆员或志愿者讲给孩子听，然后就是一边唱歌，一边做手指操，并通过亲子互动完成一些小游戏。策划的主题是感受爱，为了让整个活动有一种仪式感，同时也是希望能够明确告诉宝宝活动的开始和结束，通常会在开头和结尾增加问好时间和结束时间，让小宝宝们通过每次固定的方式进入状态和终止状态。

为了将这种阅读形式延伸到每个家庭中，张家港市还特别策划了手指谣亲子读书会的配套活动，即将0—3岁家庭阅读大礼包的发放与之相结合，把面向低幼儿童家长的阅读指导手册与低幼儿童的特质图书（布书或塑料书）、阅读记录手册等材料发放到每个低幼儿童家长手中，将图书馆阅读延续到每个家庭中，让低幼儿童的阅读重地——家庭发挥作用。

手指谣的活动内容具有很强的复制性和参考性，非常容易被借鉴，这个年龄段孩子的特点决定了面向他们的服务以读图画为主的绘本为重点，儿歌、游戏、亲子互动等作为主要的活动元素穿插其中，因此读绘本、手指操和亲子游戏是主要的活动方式。由于低幼儿童的注意力持续时间比较短暂，因而面向这类群体的活动一般控制在半个小时之内，一本简短的绘本、一节手指操再加上一到两个亲子小游戏就能撑起一次活动的内容。可以说，低幼儿童的服务活动策划有比较统一的模式，方便复制和照做。难点在于开展活动的人，不论是讲故事的人还是指导做手指操的人，都需要有比较高的专业技术水平，如讲故事的技巧、做手指操的实践经验和相关操作技巧。为了应对这一难题，张家港市少年儿童图书馆充分利用本市丰富的文化志愿者资源，采取吸收志愿者加盟的方式，招募相关领域的人员加入，扩充自身的力量。2010年5月成立的彩虹姐姐故事会文化志愿服务团队，共有文化志愿者55名，面向0—3岁婴幼儿开展手指谣亲子读书会就是他们的一项重要工作内容。外部力量的加入增强了少儿馆的阅读服务力量，弥补了少儿图书馆馆员在某些特定领域的不足和缺陷。

3. 彩虹姐姐读绘本

彩虹姐姐读绘本是张家港市少年儿童图书馆四大服务板块中面向3—6岁儿童这一群体的阅读推广活动，是一个由志愿者策划并主讲的读书活动。该活动通过阅读生动的绘本故事和图书，让孩子们爱上阅读，激发孩子们的阅读动力和阅读兴趣，充分发挥他们的想象力和创造力，从而获得成功和快乐的体验。彩虹姐姐读绘本活动是彩虹姐姐故事会阅读项目的重点和支撑项目之一，该项目以玩、听、讲、编为主线，创造性地开展活动。彩虹姐姐读故事是其中的听故事环节，每周六和周日上午9点举行，活动时长为1小时。讲故事者包括学校老师、馆员和其他爱好故事阅读的社会人士组成的文化志愿讲师团。

活动激励，是张家港市少年儿童图书馆让孩子爱上阅读的一种有效实践。为了改变图书馆仅仅是借还图书的场合，张家港市少年儿童图书馆策划了一系列活动，以吸引孩子们走进图书馆。彩虹姐姐读绘本就是系列活动之一，自诞生之日起到现在普遍受到孩子们的欢迎，成为张家港市少年儿童图书馆定期开展的一个

2012年彩虹姐姐故事会走进白云学校

品牌活动。彩虹姐姐读绘本活动借助张家港市少年儿童图书馆丰富的绘本资源,由讲故事者挑选适合3—6岁儿童的绘本,借助PPT展示,通过讲故事的方式让孩子们走进图书的世界。

彩虹姐姐读绘本活动的背后有专门的阅读推广团队支撑,有热爱阅读的志愿者来推动阅读的开展,因此能够形成比较成熟的模式。因为团队中有外国志愿者及外语学院的学生加盟,因此双语读绘本是彩虹姐姐读绘本的一个特色。孩子们在彩虹姐姐读绘本的活动中既能听到好听的故事,又能学习到简单的外语,一举两得。

外国志愿者给小朋友们讲故事

讲故事是国外公共图书馆开展比较早、比较成熟的面向低幼儿童的活动形式,伴随国内图书馆界对少儿阅读服务的重视,学习国外先进经验,以活动促阅读的风气逐步形成,通过实践证明这也是非常行之有效的方式。讲故事、读绘本因此成为国内开展得比较普遍的一种活动方式,几乎成为国内公共图书馆低幼儿童服务的固定特色项目。

张家港市少年儿童图书馆"彩虹姐姐读绘本"活动最值得学习和借鉴之处就是规定了读者的年龄,使得绘本的选择更具针对性,服务效果更好。将读绘本作为阅读推广系列活动的中间一环穿插其中,既与其他年龄段的阅读活动区分开来,又做了一定的衔接。在读绘本之后通常有相应的活动延展,如与绘本主题相关的手工制作或是有韵律的活动操。当然,专业、稳定的阅读推广团队是活动得以顺利开展的一个重要保障,为其提供了充足的人力资源。

4. 发布全国首个《0—3 岁婴幼儿阅读能力发展测评标准》

0—3 岁的婴幼儿不识字,难以评价这个阶段孩子的阅读能力,国内外也没有系统衡量阅读能力的相关标准,为此,张家港市联合南京师范大学全民阅读研究中心成立课题组,经过半年多的研究探索,成功编制完成了《0—3 岁婴幼儿阅读能力发展测评标准》。2016 年 6 月 1 日,张家港市少年儿童图书馆召开婴幼儿阅读能力发展测评标准发布暨学龄儿童阅读理解监控能力研究项目启动仪式,并在启动仪式上发布了全国首个《0—3 岁婴幼儿阅读能力发展测评标准》。该标准综合阅读学、心理学、教育学、生理学等多学科理论,注重阅读能力发展与语言能力发展、认知能力发展、表达能力发展等相结合,分别设有 6 个月、12 个月、24 个月和 36 个月宝宝阅读能力发展测评的 4 套标准,从阅读兴趣、阅读习惯、阅读能力三个维度进行考量,详见表 5-2。家长等非专业人群可以根据婴幼儿日常生活行为,评价婴幼儿阅读能力发展水平,并对应找到相关阅读建议。《0—3 岁婴幼儿阅读能力发展测评标准》的出台填补了我国在这方面的研究空白,有助于家长正确认识 0—3 岁婴幼儿的阅读能力及其发展规律,科学指导家长培养婴幼儿早期阅读兴趣和习惯,推进亲子阅读和家庭阅读,促进婴幼儿全面发展。

表5-2 6个月、12个月、24个月、36个月宝宝阅读能力测评标准表

序号	年龄	类别	测评标准
		维度	目标
1	6个月	阅读兴趣	给宝宝讲故事,他会很高兴
		阅读习惯	看见书上的彩色图画,会注视几秒
		阅读能力	会看着熟悉的书说话,发出 a、o、e 单音节的音
		测试结果评价	0个√:宝宝还没有形成阅读的基本行为,需要进一步培养
			1—2个√:宝宝有了基本的阅读行为,仍有发展潜力。建议家长从孩子的兴趣出发,更多地培养他们对阅读行为的兴趣
			3个√:宝宝已经具备了相应的阅读行为。家长可以在此基础之上,更多地培养他们对书面语言的兴趣
2	12个月	阅读兴趣	会追视在眼前移动的书
			对着书给他讲故事,会表现得很兴奋
		阅读习惯	会模仿或假装看书的样子,还会翻书
			想让大人念故事书时,将书递给大人
		阅读能力	听见熟悉的书名或看到常看的图书画面,会有反应,如咿咿呀呀开心地发声
			能完整听完一个简短的绘本故事
		测试结果评价	0个√:宝宝还没有形成阅读的基本行为,还需要进一步培养
			1—3个√:宝宝具备了基本的阅读行为,但与同龄人相比,仍有发展的潜力。建议家长从孩子的兴趣出发,更多地培养他们对阅读的兴趣
			4—5个√:宝宝已经有了比较好的阅读行为,建议家长多和孩子一起分享阅读的快乐,更多地培养他们的阅读兴趣
			6个√:宝宝已经具备了阅读准备性能力。建议家长从孩子感兴趣的主题入手,引导他们多阅读,会有意想不到的收获

续表

序号	年龄	类别	测评标准
3	24个月	阅读兴趣	喜欢一页一页连续翻书
			有兴趣地听5—10分钟音乐和故事
			给宝宝读书时，会问"这是什么""那是什么""里面有什么""有哪些不同""它有什么用"，等等
		阅读习惯	知道书该怎么拿
			家长提到看书，宝宝会拿起书，像模像样地看上5分钟
		阅读能力	能迅速说出自己熟悉的书名
			能听懂短小的儿歌或故事
			对重复阅读的图书，能记住内容，简单复述
			能够指认或说出书本上的常见物体，并能在实际生活中找到书中的相关内容和物品
		测试结果评价	3个√以下：宝宝还没有形成阅读的准备性能力，还需要进一步培养
			4—5个√：宝宝具备了一定的阅读准备性能力，但与同龄人相比，仍有发展的潜力。建议家长从孩子的兴趣出发，更多地培养他们对阅读的兴趣
			6—7个√：宝宝已经有了相应的阅读准备性能力，建议家长多和孩子一起分享阅读的快乐，更多地培养他们的阅读兴趣
			8个√以上：宝宝已经具备了阅读的基本能力。建议家长从他们感兴趣的主题入手，引导他们多阅读，会收到意想不到的效果
4	36个月	阅读兴趣	主动要求成人讲故事、读图书
			注意力时间较2岁前有明显的增长，能耐心听完一本文字较多的故事书
			喜欢跟读韵律感强的儿歌、童谣等
			反复看自己喜欢的图书
		阅读习惯	开始建立与养育者共读图书的好习惯，有时会自己选书要求大人给他们阅读
			在亲子共读时会纠正父母漏掉和说错的部分
			爱护图书，不乱撕、乱扔

续表

序号	年龄	类别	测评标准
4	36个月	阅读能力	能独立阅读图书，区分图书的封面、封底
			能通过封面认识不同的图书
			会看画面，能根据画面说出图中有什么，发生了什么事，等等
			能把书上的图画与现实生活中的某件事物联系起来
			阅读图书上的图并且意识到图片是真实物体的一种表征，能够指认书本上的物体
			能够背诵出熟悉的图书的内容
			对书中的角色做一些评论
			能理解图书上的文字是和画面对应的，是用来表达画面意义的
			有时候似乎能够区分图形和文字的差异
			可能开始关注某些特定的印刷字词，自然地能认一些常见的字
			通过发声游戏感受语言节奏的快乐和语言游戏的滑稽等
			逐渐有目的地涂涂画画，并表达一定的意思
		测试结果评价	0—30分：宝宝还没有形成阅读的基本能力，在阅读习惯及口语理解等方面还需要进一步培养
			31—55分：宝宝已经具备了基本的阅读能力，但其阅读能力与同龄人相比，仍有发展的潜力。建议家长多和孩子一起分享阅读的快乐，培养他们的阅读兴趣
			56—75分：宝宝已经具备了3岁儿童的阅读能力，对文字也有了一定的认识和了解。家长可以在此基础之上，更多地培养他们对书面语言的兴趣
			76—100分：宝宝的阅读能力比较强，对语言、文字的好奇心很强。在这个求知若渴的阶段，建议家长从他们感兴趣的主题入手，引导他们多阅读，会收到意想不到的效果

卡片的背面会给出不同年龄段的宝宝在大动作、精细动作、语言发育、社会交往、自理能力等发展的平均标准供父母参考，详见表5-3。宝宝的父母可以根据自己孩子的年龄阶段，对照《0—3岁婴幼儿阅读能力发展测评标准》中的阅读能力标准进行测评，并根据测评结果找到对应的评价，并参照这个年龄段孩子

发育的平均水平，进一步根据相关的阅读指导进行改进。由于测评标准简单、明确、易操作，因此非常适合父母等非专业人士上手。

表 5-3　6 个月、12 个月、24 个月、36 个月宝宝智能发育记录表

序号	年龄	类别	平均标准
1	6个月	大动作	能独坐片刻；大人扶着站立时，两腿会做跳的动作；有爬的愿望
		精细动作	会用双手同时握东西；能摇发响的玩具，抓悬挂的玩具；玩具可从一手递到另一手；会扔、摔东西，捕捉并拍打镜中人
		语言发育	能无意发出"爸""妈"等音，同时发出比较复杂的声音，如 a、e、i、o、u，好像要说话，会发出不同声音比较不同反应；会用身体动作表示到外边玩
		认知发育	开始能理解成人对他说话的态度，并开始感受愉快或不愉快的感情。要东西，拿不到就哭；对陌生人表现出惊奇、不快，把身体转向亲人
		社会交往	可自由地将奶瓶嘴放入口中
2	12个月	大动作	能扶着栏杆站立起来，大多数宝宝会独站；会扶着栏杆迈步，成人抓住他的一只手时可走路
		精细动作	手能翻书或摆弄玩具及其他实物，并能用手握笔涂涂点点；用手将盖子盖上或打开
		语言发育	会用手势表示需要，能听懂较多的话，有时口内说些莫名其妙的话，有些宝宝会有意识叫爸爸、妈妈等
		认知发育	会指认室内很多的东西，会指认自己的五官；会听成人的话拿东西，如拿娃娃；仔细观察所见的人、动物和车辆，模仿大人做家务，随音乐或歌谣做动作
		社会交往	能熟练用摆手表示再见，拍手表示欢迎；自我意识萌芽，有时不同意妈妈的意见，说"不"
		自理能力	穿衣和脱衣时会主动配合
3	24个月	大动作	跑得稳，很少摔跤；能独立扶着或不扶栏杆上楼梯；开始学跳
		精细动作	能打开门门，会折纸、逐页翻书，可模仿画竖线或圆，可搭起 7—8 层积木
		语言发育	喜欢说话，能说出 3 个字的简单句；能回答简单的提问，还会和人对答话；能背一些儿歌
		社会交往	注意成人对自己的评价，喜欢赞扬；能按照成人的指示来调节自己的行为；有初步的是非观念，如懂得打人不好、脏东西不能动等
		自理能力	喜欢模仿成人做简单家务，自己穿简单衣物；会自己大小便；晚上不尿床

续表

序号	年龄	类别	平均标准
4	36个月	大动作	能双足交替地上、下楼梯；会用足尖着地走一段路；能单足站立几秒钟；能跳远30—50厘米，并能试着学跳高
		精细动作	能模仿画出简单图形，如圆形、十字形
		语言发育	会说自己的姓名，会说比较完整的句子，即有主谓语及宾语和补语，会用一些形容词，能说出自己的性别，懂得"你""我""他"并会正确应用
		认知发育	能分辨长短，懂得前后方位，会点数到3
		社会交往	喜欢和小朋友一起玩，有自己喜欢的小朋友；做事懂得要按顺序，可排队等待，可玩集体游戏
		自理能力	会自己洗手、擦手，自己解衣服扣和系简单的扣子

张家港市少年儿童图书馆还与南京师范大学全民阅读研究中心的代表签订战略合作协议，正式启动张家港市学龄儿童阅读理解监控能力研究，这是江苏省内首次开展的相关方面的研究。张家港市委宣传部副部长、市文广新局局长陈世海表示，此次发布全国首个《0—3岁婴幼儿阅读能力发展测评标准》、启动学龄儿童阅读理解监控能力研究，既是张家港市丰富和完善全民阅读内涵、深入推进书香城市建设的一项重要举措，也是张家港市在深入实践分众化阅读理念进程中的一次有益探索和尝试，有利于进一步扩大全民阅读活动的参与面和影响力，增强"书香城市"建设的内生动力。所谓阅读理解监控，是指阅读者把自己的阅读过程作为意识对象，积极地加以监控，并在必要的时候采取适当的补救措施去解决阅读过程中出现的问题。这个项目旨在建立张家港地区学龄儿童阅读监控能力样本模型，重点研究张家港地区开始具备这一能力的儿童的年龄段、影响他们这方面能力获取的因素、获得这方面能力的相关策略等，同时还将分析同年龄段城区、农村和新市民儿童阅读理解监控能力的差异等，不仅能掌握张家港地区学龄儿童阅读理解监控能力的发展情况，对张家港市深化儿童阅读也将有重要作用，还将对汉语儿童阅读监控理解能力的产生、发展及影响。研究初期获得的结论如下：小学四年级学生开始具备阅读理解监控能力；随着年龄的增长，他们的阅读理解监控能力呈现出不断发展的趋势；城区与农村本地儿童的阅读理解监控能力几乎没有差异，但新市民儿童明显落后；有声伴读促进阅读理解和阅读理解监控能力。

5. 制作宝贝阅读成长测量尺

参考德国歌德学院（中国大区）阅读测量尺，中共张家港市委宣传部与张家港市精神文明建设委员办公室、张家港市文体广电和旅游局、张家港市全民阅读活动推进委员会、张家港经济技术开发区（杨舍镇）联合推出了儿童启蒙宝贝阅读成长测量尺，作为阅读大礼包的一部分发放给0—3岁婴幼儿家庭，推行家庭早期阅读，提供亲子阅读指导。宝贝阅读成长测量尺将儿童身高与应该阅读的知识合而为一，广泛应用于图书馆。

张家港市少年儿童图书馆阅读大礼包中的宝贝阅读成长测量尺是一个非常实用的儿童身高、阅读测量工具。一方面可以测量孩子的身高，另一方面也可以测量某一年龄段孩子所应具备的阅读能力。它的巧妙之处就在于将宝贝的身高与阅读的能力有机地结合在了一起，给出了某一年龄阶段孩子生理身高和阅读能力所应达到的水平，给家长一个直观的阅读指导，也可以让家长对孩子的阅读能力发展进行自我测评。因为直观、可测量、操作性强，该测量尺自2008年被歌德学院介绍到国内以来，就引发了图书馆行业的兴趣，业内纷纷根据中国儿童阅读能力发展的普遍水平，研制符合中国自己国情的阅读测量尺。张家港此次推出的宝贝阅读成长测量尺也是参照了歌德学院的阅读测量尺研制的。

宝贝阅读成长测量尺左侧是身高测量尺，右侧对应的是相应身高的儿童年龄及这个年龄段儿童应具备的阅读能力、给家长的阅读建议及集中注意力的时长。具体内容如下。

婴儿在身高为60厘米时，书是他们的玩具，这个时期应该给宝宝准备有声玩具书、触摸书、图卡、布书、撕不烂书等。选择节奏感强的故事和儿歌，一边朗诵，一边用手做简单动作，吸引宝宝的注意，增进智力和情感发育。这个阶段的阅读小贴士：宜看背景简单、主题单一明确的大图片（建议黑白色）。这个阶段孩子的集中注意力时间为5分钟左右。

1周岁孩子的普遍身高为70厘米，这个时期孩子已经具备了看书的能力，可以认识形状、颜色，指出图中的动物、人物等，还能独立翻页了。这个阶段的阅读小贴士：亲子阅读，重复朗读，请将实物摆放在书旁。每天朗读15分钟可能会影响宝宝的一生。这个阶段，孩子的集中注意力时间为5—10分钟。

1周岁半孩子的普遍身高为80厘米，这个时期孩子能听懂情节简单的故事，并开始进入故事中的情景，所选书的内容不要过于复杂，最好是图多字少，一页只有一幅图画。这个阶段的阅读小贴士：帮助孩子学说话，家长和孩子一起看书，重复给孩子朗诵简单的故事或儿歌，一起说出书中物品的名称吧。这个阶段孩子的集中注意力时间为5—10分钟。

2周岁孩子的普遍身高为90厘米，这个阶段孩子喜欢听小故事，希望爸爸妈妈能给自己讲有趣的故事。这个时期，孩子热衷于重复阅读，请家长绘声绘色地为孩子讲述书中的故事，并和孩子一起读（唱）童谣和儿歌，培养孩子的观察力和读书兴趣。这个阶段的阅读小贴士：多彩绘本、互动性强的立体书是不错的选择。这个阶段孩子的集中注意力时间为5—10分钟。

3周岁孩子的普遍身高为100厘米，这个阶段孩子想和书里的小动物们做朋友。这个时期，孩子能把书中的内容和自己的生活联系起来，每个孩子都有自己喜爱的主题，让孩子选择读自己喜欢的书，培养孩子主动阅读的习惯。这个阶段的阅读小贴士：请家长们为孩子选择内容简单重复、涉及领域更广的多样绘本，并开展与阅读相关的小游戏。这个阶段，孩子的集中注意力时间为10—20分钟。

4周岁孩子的普遍身高为110厘米，这个阶段的孩子会讲故事了，应多给孩子阅读画面精美、内涵丰富的绘本故事和情节较浅的童话故事书。这个阶段的阅读小贴士：帮助孩子走向自主阅读，准备个小书架，氛围很重要。这个阶段，孩子的集中注意力时间为20—25分钟。

5—6周岁孩子的普遍身高为120厘米，这个阶段孩子会选择自己喜欢看的书，喜欢连贯有情节的绘本、故事书和简单的科普类图书。能够复述、扮演或表演完整的或是部分的故事情节，听完一个故事后，家长可以让孩子回答有关故事的问题，培养观察力和判断力。这个阶段的阅读小贴士：注意孩子看、听、说、演、画的多元表达。这个阶段，孩子的集中注意力时间为25—35分钟左右。

7周岁孩子的普遍身高为130厘米，这个阶段孩子喜欢和爸爸妈妈一起朗读，学习阅读很重要，要积极培养孩子的阅读兴趣，适当开展主题阅读，和孩子一起大声朗读，阅读后和孩子一起讨论书中的情景、对话和读后感悟等。这个阶段的阅读小贴士：阅读图多字少、注拼音的书籍。这个阶段，孩子的集中注意力时间为40分钟左右。

8—9周岁孩子的普遍身高为140厘米，这个阶段的孩子能自己读书了，开始喜欢更复杂、更曲折的故事情节，也更喜欢动脑筋了，宜阅读图少字多、注拼音的书籍。这个阶段的阅读小贴士：如果孩子在朗读过程中遇到困难，家长应给予辅导，家长可以和孩子一起买书，一起去图书馆，一起讨论书籍。这个阶段，孩子的集中注意力时间在40分钟以上。

10周岁孩子的普遍身高为150厘米，这个阶段的孩子喜欢有关校园生活、冒险和幻想的图书，应培养他们的读书兴趣、习惯，激发他们的创造力，阅读图少字多的书籍。这个阶段的阅读小贴士：孩子喜欢有丰富知识的书籍，并能阅读完整的章节小说，家长要注意培养孩子良好的阅读习惯，引导孩子进行广泛的阅读。这个阶段，孩子的集中注意力时间在40分钟以上。

6. 青少年阅读夏(冬)令营

为丰富少年儿童的假期生活，2002年，张家港市图书馆少儿借阅室发起了青少年暑期快乐读书班活动。2010年，张家港市少年儿童图书馆挂牌成立后，

张家港市第三届"摆渡船"阅读活动颁奖仪式现场

推出了张家港市青少年阅读夏令营活动,主要在暑假举办,前后延续2个月。2014年,又推出了张家港市青少年阅读冬令营活动,在春节前后举办,为期20天左右。无论是阅读夏令营(表5-4)还是阅读冬令营(表5-5),主要目的是面向全市青少年学生开展思政教育、普及中国传统文化、开展书目推荐等,有针对性地引导青少年开展阅读活动。青少年阅读夏(冬)令营都有开班仪式和结业仪式,非常正规,活动内容丰富,自开办以来,受到学生、家长、学校及社区的广泛欢迎。

表5-4　七彩的夏日——2022年张家港市青少年阅读夏令营活动安排表

序号	类别	活动内容	活动时间	活动地点
1	展览类	科普小精灵移动科普展	7月5—10日	市少儿图书馆一楼芽芽园
		文明守纪树良风　安全教育我先行——中小学生暑期安全教育科普展	7—8月	市少儿图书馆一楼大厅
2	科普类	"趣探索"科学实验课	7月24日	市少儿图书馆三楼国风斋
		创意编程课	8月20日	市少儿图书馆二楼报告厅
		趣玩机器人	8月13日	市少儿图书馆二楼报告厅
		垃圾分类微课堂	7月24日	市图书馆二楼外文室
3	艺术类	"最沙洲"非遗小课堂	7月24日	市图书馆二楼外文室
		"奇妙的色彩"铅笔画公益培训班	7月12日—8月9日	市图书馆二楼外文室
		"你写字真好看呀"公益书法课	7月15—19日	竹林童话书屋
		一封信的奇妙旅程	7月24日	市少儿图书馆二楼报告厅
		"小石头"创意画	7月24日	市少儿图书馆二楼报告厅
		巧手做绘本：闪闪的红星	8月21日	市少儿图书馆二楼绘本馆
		"佳片有约暖心暖情"观影活动	8月12日9∶00	市巨星电影城
		一本书的奇妙旅程	8月14日	市少儿图书馆少儿阅读邮局
4	讲座类	文明礼仪小课堂（八礼四仪）	7月24日	市图书馆二楼外文室
		"妙笔生花"写作课	8月上旬	竹林童话书屋
		"诗词之美"唐诗课	8月下旬	竹林童话书屋
		诗歌之美：儿童诗歌阅读中的"渡"	7月8日	市少儿图书馆二楼报告厅
		如何汲取书中的营养	8月	市少儿图书馆二楼报告厅
		儿童防性侵知识讲座	7月31日	市少儿图书馆二楼报告厅
		"我与作家面对面"原创绘本分享会	7月8日	市少儿图书馆一楼大厅

续表

序号	类别	活动内容	活动时间	活动地点
5	志愿类	"残健融合　共读好书"阅读结对帮扶活动	7—8月	市少儿阅读邮局
		"七彩夏日快乐暑假"小志愿者文化志愿服务活动	7—8月	市少儿图书馆、市图书馆
6	竞赛类	"共读沙洲　阅动港城"建县（市）60周年知识竞赛	7月19日	市少儿图书馆二楼报告厅
		"印象港城　共绘蓝图"创意手绘比赛	7—8月	市少儿图书馆
		"小小发明　大大创意"科技小发明征集活动	7—8月	市少儿图书馆

表 5-5　缤纷的冬日——2022 年张家港市青少年阅读冬令营活动安排表

序号	活动时间	活动名称
1	2022 年 1 月	"手绘新春童迎冬奥"与希望小学共绘新春明信片
2	2022 年 1 月 16 日	"七彩童心　喜阅迎新"创意红包制作
3	2022 年 1 月 21 日	"发现生活　走进科普"科普阅读微讲堂：急救妙招
4	2022 年 1 月 22 日	"初岁元祚　虎年顺遂"免费写春联、送春联
5	2022 年 1 月 22 日	生活大发现：脸谱的奥秘
6	2022 年 1 月 24 日	"守护花开　温暖绽放"儿童防性侵知识讲座
7	2022 年 1 月 24 日	彩虹姐姐读绘本：阿白的翅膀
8	2022 年 1 月 29 日	"冬奥之约　冰雪有情"冬奥知识大比拼
9	2022 年 1 月 15 日 —2 月 6 日	"快乐寒假　阅读有约"阅读之星评选计划

7．少儿阅读邮局——青少年儿童的职业阅读体验

2016 年 4 月 23 日世界读书日来临之际，张家港市少年儿童图书馆的又一功能区少儿阅读邮局开业了。少儿阅读邮局是以阅读为纽带的主题邮局，让学生了解掌握书信文化、邮政知识，在课堂之外受教育，在"邮"乐之中增长知识。这在全国属于首创。

少儿阅读邮局是张家港市少年儿童图书馆四大服务板块中面向小学生的阅读推广活动，在二楼设有活动专区，每月定期开展活动。这是全国首家以"阅读"为主题的、设立在少儿图书馆中的少儿阅读邮局。与之前设立在学校或少年宫等

地的少儿邮局不同，张家港市少儿图书馆中的少儿阅读邮局增加了阅读的因素，是一种体验式阅读的尝试，是"图书馆+"服务新模式的探索。少儿阅读邮局将阅读推广和邮政服务巧妙地进行了对接、融合，以体验式、开放式为设计理念，设有"我是局长体验区""作品展示区""阅读微心愿征集区"等，开展亲子阅读，弘扬亲情文化，传授集邮知识，推广画信比赛等一系列活动，展现了全新的阅读服务文化。

结合邮政系统的功能和业务特点，少儿阅读邮局建立了"我是小小邮政局长""我是小小邮票设计家""我是小小外交家"等活动平台。"我是小小邮政局长"平台主要是通过角色扮演体验邮政服务工作，通过平台招募，选出 2 名工作人员分别担任邮政正、副局长，带领其他同学，亲身参与信件投递、分拣、盖销邮戳等多种邮政服务工作，并组织开展"我是小小报童"义卖报刊等文化志愿服务活动；"我是小小邮票设计家"主要是给孩子们介绍集邮知识，并鼓励孩子们自己动手设计邮票，从认识邮票开始到制作出一本邮集，提高识邮、赏邮水平；"我是小小外交家"主要是开展书信来往，以"书香张家港"优秀读者的身份，与湖南、江西及台湾等地的学生代表开展书信交流，畅谈阅读、畅想未来。

除普及邮政知识和业务工作之外，少儿阅读邮局努力寻找阅读与邮局两者之间的结合点，推出一系列个性化阅读项目，如"阅读存折""我的阅读小目标"书信普及活动等。"阅读存折"活动结合邮政储蓄银行存折的特点，通过发放"阅读存折"的形式记录个人阅读旅程，鼓励少儿把自己的阅读时间、看到的好词好句、阅读体会等记载到存折上，每存满 10 本就可兑换一份奖品；"我的阅读小目标"活动向全市广大青少年发放明信片，征集"我的阅读小目标"实现个人阅读心愿，并将明信片粘贴在"阅读微心愿征集区"，让来馆读者自行认领并对应实现；书信普及活动以"一封信的奇妙旅程"为主题，组织开展信的知识专题讲座，系统讲解中国书信格式知识及礼仪。书信普及活动以"插有图画的信"为载体，组织举办画信公益培训，普及画信知识，推广画信文化。

少儿阅读邮局是张家港市少年儿童图书馆在阅读推广方面的一个大胆的尝试，将阅读的因素加入邮政服务这个特定的职业和邮局这个特定的环境中，带给读者全新的感觉。作为一种体验式阅读的探索，这种方式可以说是很成功的，既普及了邮政知识，又趣味化了阅读。在两者的结合点上孵化出各种个性化的阅读项目，如以"阅读存折"这种实体可见的方式，记录下孩子的阅读足迹；用阅读小目标这种显而易见的阅读任务，激励孩子去完成阅读挑战；通过画信这种亲手创作的方式，激发孩子将文字与图画结合起来进行各种创作。少儿阅读邮局给孩子们提供了一个实实在在存在的阵地，在这里有极具职业特色的邮局环境，摆设有颇具邮局特色的邮筒、明信片和邮票的展示窗、墙上及设备设施上贴有绿色的邮政标识，俨然和邮局一样，让人很快有一种角色代入感，但坐落在图书馆这种特殊的建筑中，因此必然与阅读密不可分，成为一种极具特色和醒目的活动区域。

少儿阅读邮局

张家港将特定职业与阅读进行结合，丰富了阅读的内容，开创了阅读新方式，也给我们带来了一定启示：在策划阅读活动中，是否可以把一些社会认知度高的因素或场景加入进来，以此来丰富阅读的内容。在实际策划中可以在物理空间上进行必要的装饰，使之具有特定因素的特色，再通过角色扮演或与实物配合来完成阅读活动的开展，比如是否可以让银行、超市、警察局等比较成熟的社会机构或职能部门介入到阅读推广中。当然要做出自己的特色，将阅读与不同因素完美结合，需要做好前期的调研工作，可以先尝试着开展一些合作，做好项目立项、规划、设计等衔接工作，邀请相关领域专家就如何开展阅读活动、开展哪些阅读活动进行充分讨论。之后，再根据活动的需要进行相关设备的购买和环境的搭建，最好能有一个阵地专门而集中地开展各项活动。

8. 青少年"红读"活动

青少年"红读"活动，是指在小学开展的红领巾读书活动。在张家港"书香城市"建设中，是面向少先队员的专项阅读活动。

"红读"活动发端于1982年，全称为全国红领巾读书读报奖章活动，是我国开展较早的全国性少年阅读活动。"红读"活动以弘扬中华传统美德、增强中华民族的凝聚力、普及科学知识为主线，以书为媒、以活动为载体，通过举办形式多样的阅读活动，将亿万少年儿童带入了知识的海洋，从而激发小学生的阅读兴趣，提高其阅读能力和综合素质。"红读"活动既是一项深受广大少年儿童喜爱和社会、学校、家长欢迎的活动，也是具有良好社会效益的活动。张家港市在"书香城市"建设中，将"红读"活动纳入阅读活动体系，与少儿启智行动相衔接，要求到2014年小学校适龄少先队员"红读"活动参与率达到100%，并按照相关部门的要求，开展生动活泼、丰富多彩的红领巾读书读报活动。

9. "童话里的城"张家港市童话节系列活动

童话是深受少年儿童喜爱的一种文学样式，是少年儿童的精神食粮，也是启迪少年儿童智慧的摇篮曲。为积极引导全市广大少年儿童走进童话世界，在快乐的情绪中读童话、写童话、画童话、演童话、唱童话，进一步加强张家港市未成年人思想道德建设，推进"书香城市"建设，强化文明引领，自2017年3月起，由中共张家港市委宣传部、张家港市精神文明建设指导委员会办公室、张家港市教育局、张家港市文体广电和旅游局、张家港市全民阅读活动推进委员会联合主办，张家港市少年儿童图书馆承办的"童话里的城"张家港市童话节系列活动，正式拉开帷幕。

活动以"童话"为主题，主要涉及全市各初中、小学及幼儿园的学生，分成初中、小学和幼儿园三个组别。张家港市少年儿童图书馆以"读童话、写童话、画童话、演童话、唱童话"为主线，组织开展了"童话里的世界"童话故事创作大赛、"我是故事大王"亲子讲故事大赛、"童话校园行"子轩姐姐教你讲童话故事巡讲、"童话英雄榜"张家港市阅读100挑战赛、童话有声剧创作、童话作家

童话《小兔奇奇历险记》签名赠书活动现场

2019年6月1日张家港公园"竹林童话书屋"启用仪式现场

现场面对面、汇编童话作品集等活动,并在张家港公园新建了"竹林童话书屋",为全市广大少年儿童的成长点亮了一盏阅读的心灯。

三、张家港市少儿阅读服务中的特色做法

（一）招募图书馆文化小志愿者

志愿者服务是小城张家港市的大爱文化，从 1996 年成立张家港市青年志愿者协会开始，2010 年张家港市志愿服务指导中心成立，2014 年志愿者手机客户端上线运行……张家港市志愿服务工作稳步推进，近年来借助媒体手段的辅助，志愿服务逐渐形成制度化、常态化。为丰富张家港市中小学生的假期生活，给孩子们提供一个学习和实践的平台，构建学校—家庭—社会三位一体教育网络，创新文化志愿者的参与群体。2002 年，张家港市图书馆开始深入学校招募小学生担任文化小志愿者，作为图书馆文化志愿者的有机补充。

文化小志愿者的工作主要是协助图书馆借还书工作的开展，帮助小读者寻找所需图书，引导文明阅读，帮助组织各类读书活动。最初是在 2002 年，当时的

2002 年 5 月，张家港市图书馆开展文化小义工招募笔试

张家港市图书馆通过笔试和面试的方式，第一次深入市区 8 所小学严格挑选了近 70 名学生，担任第一批文化小志愿者。文化小志愿者有统一的组织、统一的标识和统一的规范，从招募到上岗，图书馆对于文化小志愿者的培养都是严格按照馆内普通工作人员的标准来要求的。每一批文化小志愿者招募进来，首先会由专门的业务人员对他们进行半天时间的理论培训，内容包括《中国图书馆员职业道德准则》，图书上架、图书整理方法，22 条基本大类，文明督导礼仪等基本知识；然后由专业的图书管理员带领小志愿者们逐一到现场进行实践操作。张家港市少年儿童图书馆为此还专门印发了张家港市图书馆志愿者证，对文化小志愿者进行统一着装、佩戴标识、添置工号牌，树立文化小志愿者的崭新形象，身着绿色工作服的文化小志愿者已经成为馆内的一道美丽风景，在馆内他们有另外一个名字——悦读小馆员，即将阅读的快乐带给读者的小小图书管理员。

同时，为不断放大文化小志愿者的文化辐射效应、文明督导效应和文明引领效应，张家港市少年儿童图书馆积极打造春、夏、秋、冬四季活动品牌。在春节期间，组织小志愿者开展迎新春剪纸秀、庆元宵做灯笼活动；在暑假期间，开展"读一本好书、献一份爱心"捐书活动；在秋、冬季节，大力开展"我们的节日"主题阅读活动，通过读后感、专题演讲、图书推荐、文明劝导、志愿服务等各类活动，发挥文化小志愿者的作用。通过构建这样一个平台，帮助孩子们培养责任感和荣誉感，让文化小志愿者在服务他人的同时，也能更方便地获得书本以外的知识，丰富自己的知识储备。经过近 20 年的发展，文化小志愿者的影响力越来越大，不仅学校、家长纷纷致电反映学生们在学校和家中的良好转变，学生们自己也都踊跃参加，不少学生特地从乡镇赶来要求报名加入文化小志愿者的行列。在图书馆内随处可以看到文化小志愿者的身影，他们既是图书馆员的得力小助手，也是馆内读者的好朋友。

（二）配置符合低幼儿童的指纹借阅系统

为吸引儿童走进图书馆，激发他们的阅读兴趣，让他们从小养成良好的阅读

身着黄色工作服的文化志愿者们

习惯，张家港市图书馆推出了丰富儿童阅读体验的又一有力举措——指纹借阅，这也是张家港市少年儿童图书馆率先在全国县级市公共图书馆系统中推出指纹借阅的尝试。这套指纹借阅系统主要面向的是0—8周岁的儿童，由于符合儿童的心理和生理特点，一经推出就受到了小朋友的热烈欢迎。不需要大人的帮助，自己就可以完成图书借阅的体验让很多小朋友有了带本书回家的冲动。

这套指纹借阅系统由图书馆的技术骨干自主研发，安装在馆内新推出的自助借还机内。为了吸引小读者，自助借还机被设计成了颜色鲜艳、造型可爱的卡通造型，操作台离地面也仅有50厘米左右，方便小读者操作。小读者只需要在自助借还机屏幕上点击"绑定指纹"，显示"请选择借书证类型"，再拿出市民卡，

文化小志愿者在自助借还机上进行演示

在刷卡区刷卡,把任意一根手指放置在指纹读取处,连续三次正确采集同一个指纹,指纹绑定就完成了。指纹绑定成功后,小读者通过验证指纹的方式就可以完成图书借阅、归还等手续,使用起来十分便捷。整个借阅过程,不用市民卡(或读者证),家长不用担心孩子丢卡,孩子自己只要动动手指就能借到自己想看的图书,大大增加了他们借阅图书的兴趣。

目前,张家港市少儿图书馆的指纹借阅系统共有两套,分别布置在底楼的芽芽园和二楼的借阅室,主要是满足低龄儿童借阅的需要。这套指纹借阅系统是全国县市级公共图书馆投入使用的首个自助指纹借阅系统,在目前国内大部分图书馆均实行读者持证借阅管理模式的情况下,该系统的启用标志着张家港市开启了图书馆无证化管理的先河,这既是一次大胆的尝试同时也优化了张家港市少儿阅读服务。

四、张家港市少儿阅读服务的优秀案例剖析

在分级阅读理念的指导下,张家港市少儿阅读服务进行了精准定位和科学设计,针对幼儿、少儿、小学生、中学生四个年龄段的读者设立了四大服务板块。详见表 5-6。四大板块的内容涵盖了 18 岁以下的所有未成年人人群,在每个服务板块中都专门设计了与这一年龄段心理和生理发展相匹配的阅读活动。下面抽取四个板块中持续开展的、广受欢迎的、阅读效果好的品牌活动作为优秀案例,分别从组织策划、筹备开展、经验总结三个方面展开进行深入剖析,以期总结出一些规律性的东西供今后自身的改进及其他单位参考借鉴。

表 5-6　张家港市少儿阅读服务四大板块主要服务内容表

序号	参与对象	活动地点	活动内容	活动时间
1	幼儿	芽芽园	手指谣亲子读书会	每周日 9∶30
2	少儿	绘本馆	彩虹姐姐读绘本	每周日 9∶30
			亲子手工坊	每周六 13∶30
			"小石头"创意画	每周六 10∶00
3	小学生	少儿阅读邮局	画信、微心愿征集等	每月定期
		国风斋	"科普小精灵"趣探索科学实验课	每半月一期
			中国传统优秀文化体验活动	每半月一期
			"最沙洲"非遗小课堂	每半月一期
			"手绘节气"趣读二十四节气	每半月一期
			"神奇的中草药"百草味读书会	每半月一期
		小学生借阅室	"快乐暑假"青少年暑期社会实践活动	每周六、周日、节假日
		报告厅	"我是故事大王"童话、绘本故事比赛	每月一期
			"创客空间"乐高拼搭体验课	每月一期
4	中学生	报告厅	青少年阅读冬(夏)令营	寒暑假
		吴下书声阅读新空间	"师说·名著"导读活动	每周六、周日、节假日
		益空间·森林书屋	少年派读书会	暑假

文化志愿者在张家港市少年儿童图书馆国风斋上国学欣赏课

（一）优秀案例一：中华优秀传统文化阅读体验活动

近年来，国内掀起了学习中国传统文化的热潮，作为中华民族几千年灿烂文化的结晶，国学是中华民族立足的根本。伴随国学热的升温，国学班、国学讲座、国学培训犹如雨后春笋般不断涌现，一些高校纷纷成立有关国学、传统文化、儒释道思想的研究机构，如中国人民大学国学院、清华大学思想文化研究所、中国社会科学院儒教研究中心等，出版的学术著作及研究文章不计其数，每年都要召开各种形式和规模的国内国际学术研讨会，孔子学院更是在全世界广泛建立，向世界宣扬中国的儒家思想。广播电视上百姓喜闻乐见的国学节目不断涌现，阎崇年在《百家讲坛》讲清帝，刘心武讲红楼，王立群讲史记，等等，这些学人雅俗共赏的讲座，重新唤起了社会大众了解传统历史和文化的热情。《中国诗词大会》的走红，再次印证了在每个国人心中积淀很久的对传统文化的热爱。

在中国传统文化学习热潮的带动下，国学教育成为图书馆服务的一项重要内容。为了培养广大少年儿童学习中华优秀传统文化的兴趣，以传承优秀的中华文化，弘扬时代精神，张家港市少年儿童图书馆自2010年2月单独建馆以来，就推出了中华优秀传统文化阅读体验活动，并与2014年改造时在3楼增设国风斋，作为开展国学活动的场地。为了营造浓厚的学习氛围，国风斋仿照古代私塾教育的课堂进行设计，采用古香古色的案几作为阅读桌，条凳作为阅览椅，大厅中间前方悬挂大幅孔子像，四周墙上悬挂着出自《论语》名言的对联，墙面用灰色的壁纸进行装饰，竭尽全力营造一种国学文化氛围。国学堂共有180平方米，分活动和借阅两个区域。

活动主要围绕讲、诵、剪、刻、染五大主题展开，并巧妙融入"图书馆+"形式。"讲"分为文明礼仪公益小课堂、二十四节气公益小课堂、成语讲故事比赛和中华诗词公益系列讲座四个模块。文明礼仪公益小课堂主要是给孩子们讲授一些文明礼仪方面的小常识，配套发放《跟小鹿学礼仪》教材，内容涵盖个人礼仪、家庭礼仪、就餐礼仪、交通礼仪、公共场合礼仪、交往礼仪六个部分。每周六上午9：00由志愿者老师前来讲课，每班28个小学员，每次授课30分钟，2个月1本教材。每年开设春季班、暑假班和秋季班3期。二十四节气公益小课堂主要是向孩子们普及二十四节气小知识，每月2期，每期讲述不同的节气。此外，为更好地让广大小读者了解二十四节气的名称及特征，配套免费发放介绍二十四节气的小知识的24张书签；成语讲故事比赛，鼓励孩子用演讲的方式把成语故事讲出来，赛事分为低幼组和小学组。每月最后一周周六13：30举行，每期产生2名月冠军，年底进行月冠军总决赛（共24名），全年举办25场比赛；中华诗词公益系列讲座，主要分馆内和馆外2个地点，馆内每月1期，全年12期，馆外主要是开展中华优秀传统文化进学校活动，通过讲座的方式，让在校学生了解中华优秀传统文化，增长中华优秀传统文化知识。

"诵"分为经典诗词吟诵会和朗诵会两个模块，吟诵会每期选取28个小读

"5+2"馆社研学活动：中国诗词格律基础

者，每次30分钟，身穿汉服，击鼓吟诵。朗诵会主要是通过专业老师指导参加各种诵读比赛。"剪"主要通过中国传统的手工技艺——剪纸再现中国传统文化中的元素，由张家港市的非遗传承人前来授课，每期选取20个家庭，主要分为初级和提高2个班。"刻"主要是与"剪"相配套，主要通过篆刻的形式再现中国传统文化，每期选取10个小读者，每半月1期，主要开展赏、识、书、临、创5个阶段的学习。同时，还定期邀请树叶画老师，在树叶上把图案刻出来。"染"，主要是邀请蓝印花布老师来馆传承非遗文化，普及蓝印花布技艺。

为了使中华优秀传统文化的教育普及更多人群，张家港市少年儿童图书馆还通过"图书馆+"形式：通过"图书馆+互联网"的形式，开展国学大闯关活动；通过"图书馆+民间阅读人""图书馆+民间阅读推广组织""图书馆+文化志愿者"的形式招募各方面的专业人员，保障活动的顺利开展；通过"图书馆+学校"的形式走进学校，与学校联手组织举办张家港市中华经典比赛、张家港市青少年藏书票设计比赛、书法创作比赛等活动。

张家港市少年儿童图书馆抓住中华优秀传统文化教育这一主题，精心打造活动阵地，一方面迎合了广大青少年的求知需求，另一方面也拓展和丰富了图书馆的活动内容。通过讲、诵、剪、刻、染5种形式，外加"图书馆+互联网""图书馆+志愿者""图书馆+学校"的拓展方式，将中华优秀传统文化学习内容充实和丰富起来，并扩大了学习范围。

（二）优秀案例二："童话英雄榜"张家港市阅读100挑战赛

"童话英雄榜"张家港市阅读100挑战赛是"童话里的城"张家港市童话节系列活动之一。该活动主要在全市广大小学及幼儿园展开。

首届挑战赛于2018年4月启动，共有16所学校的6000多名学生参加，形成了每日一读、一百天时间、数千个家庭、数万人读书的阅读盛况。至2023年，已连续举办6届挑战赛。

为鼓励更多未成年人、更多家庭、更多学校参与其中，让书香飘满城市、让阅读充盈生活，从2020年第三届挑战赛开始，该比赛由线下转为线上，开发了"童话里的城"——"一粒种子"小程序。"一粒种子"取自我国著名童话作家叶圣陶的童话故事《一粒种子》，寓意快乐和美好。

参与者须关注"共读张家港"张家港市全民阅读云平台，在主页面找到"一粒种子"栏目，在完成在线报名后，就可领取线上"一粒种子"。种子领取后，须在线选择张家港市图书馆、张家港市少年儿童图书馆、镇（办事处）分馆、24小时图书馆驿站、农家书屋、益空间等任意一个地点进行虚拟种植。每天须完成1次浇水、1次施肥、1次除草及1次捉虫任务。每隔10天是一次生长过程，在 120 天内完成 100 天的挑战量后，就会在线长成一棵"阅读幸福树"。同时，树上会结出 10 个果实，每个果实藏有 10 天的阅读挑战足迹。同时，每日阅读情况可在线生成阅读海报后发送至微信朋友圈，最终生成个人阅读报告及全市总的阅读报告。同时，活动设置了以下四大任务。

一是纸质阅读。每天阅读纸质书籍，阅读结束后，点击"上传"后完成打卡任务。任务完成就可在线领取 1 次施肥机会。

二是在线闯关。参与每日答题活动，5 分钟答对一组 5 道题可获取 1 次抓虫机会。有 4 种题型，即全民阅读、百科问答、文学知识、历史文化。

三是每日签到。家长每日在平台签到后，就可以在线领取 1 次除虫机会。

四是在线阅读。每日在平台上阅读数字资源，时间不限，任务完成可获取 1 次浇水机会。

此外，比赛中还设置了在线奖励和表彰评比两种形式的奖励。在线奖励主要是指打卡满 30 天，可在线获得 30 天学士阅读徽章一枚；打卡满 60 天，可在线获得 60 天硕士阅读徽章一枚；打卡满 90 天，可在线获得 90 天博士阅读徽章一枚；打卡满 100 天以上，可在线获得可持续 100 天的"童话英雄"阅读徽章一枚。表彰评比是指凡是完成 30 天以上的，可获得由主办单位颁发的荣誉证书 1 份。

作为深受全市少年儿童喜爱的一项阅读比赛，自项目推出以来，每年参与的人次节节攀高。以 2022 年第五届阅读挑战赛为例，全市共有 10824 人参与，其中男孩 5310 人，女孩 5514 人，从幼儿园小班学生至高中生均有参与，一年级小学生参与得最多，人数为 2355 人，占 21.75%；5 岁以下 898 人，占比 8.30%，

5—10岁6474人，占比59.81%，11—15岁3433人，占比31.72%，16岁及以上19人，占比0.18%。其中，5—10岁的孩子参与人数最多。从参赛的分布来看，张家港市各镇区、街道均有参与，其中，杨舍镇以7509人居首位，占比69.37%；其次是大新镇731人，占比6.75%。从学校排名来看，全市有155所学校参与。张家港市白鹿小学以711人居首，张家港市大新实验学校、张家港市福前实验小学、张家港市实验小学、张家港市外国语学校等紧随其后，这足以说明了学校、家庭对其给予了高度重视。据统计，在完成100天以上挑战的人数中，位列前三的单位依次分别是张家港市白鹿小学，以197人居首位，张家港市福前实验小学以163人居次位，作为乡镇村小的张家港市东莱小学以144人居第三位。在四大任务环节中，纸质阅读完成363133人次，在线阅读完成600428人次，家长共读完成405773人次，在线答题完成580681人次。同时，所有参赛者共阅读了64324本书，其中，最受欢迎的打卡书籍是《西游记》，共有11129人次阅读。

本次阅读挑战赛，累计有2268人完成阅读100天打卡挑战，有4609人获得"阅读学士"称号，3489人获得"阅读硕士"称号，2561人获得"阅读博士"称号。完成打卡天数最多的是120天，共有274人。

策划挑战赛的初衷，一方面是想深度挖掘亲子共读与图书馆阅读推广的关系，深入探索阅读习惯的养成，并从中了解家庭阅读的重要性；另一方面基于实践数据做出科学分析，通过线上阅读的方式在第一时间掌握最有效的信息数据，从而为进一步引导青少年开展正确阅读提供第一手参考资料，也为持续推进家校社建立阅读共同体提供支撑。

而对于参与者来说，这是一场难得的阅读嘉年华。看似只是一个简单的阅读活动，实际上，赛的是坚持，赛的是对阅读的热爱，更主要的是把亲子共读、家庭阅读、校园阅读完美地在100天中展现出来。

"童话英雄榜"2018年张家港市阅读100挑战赛颁奖典礼现场

该项目先后被评为2021年第十六届苏州阅读节重点活动，获评2019年度苏州市优秀阅读创新项目、苏州市2021年度社科普及创新项目、2021年度江苏省二类公益阅读推广活动等。

这不仅是一份荣誉，更是对组织者、参与者、支持者的一份肯定。

（三）优秀案例三：将绘本融入儿童生活

1. 活动背景

绘本，顾名思义就是"画出来的书"，是文字与图画相辅相成的图画故事书，兼具知识性、文学性、艺术性与趣味性，能让孩子在理解故事的过程中体验情感、学习知识。

现代意义上的绘本（图画书）诞生于19世纪后半叶的欧美，凯迪克、格林纳威、波特都是早期的杰出代表。在亚洲，日本的绘本创作从20世纪50年代开始起步，至70年代崛起，目前已成为绘本大国。

在我们国家，20世纪五六十年代是中国原创绘本发展的重要时期，专业儿童出版社和美术出版社以"儿童本位"为理念，出版了大量优秀连环画，它们大多数运用民间艺术手法，或以版刻、壁画形式，或以国画水墨及工笔重彩为主。本土绘本以连环画的形式得到了很快的发展，不仅涌现出了如杨永青、熊亮、白冰、方素珍、陈致元、蔡皋等一批绘本大家，而且还诞生了丰子恺儿童图画书奖、张乐平绘本奖、青铜葵花图画书奖、东方娃娃绘本奖等奖项，《团圆》《独生小孩》《我很想念你》等一批中国原创绘本还入选《纽约时报》年度儿童图书最佳插图奖。

儿童绘本作为一种普遍的儿童读物，已被认为是极具潜力的板块。据统计，我国儿童绘本市场规模增长率处于15%左右，2019年是78.3亿元，2020年是80.2亿元，2021年是92.3亿元。

正因如此，绘本被联合国教科文组织认为"是最适合幼儿阅读的图书"。新西兰图书研究专家罗希·怀特在《关于孩子们的书》一文中曾说，绘本是孩子们在人生道路上最初见到的书，是人在漫长的读书生涯中所读到的最重要的书。日本"现代绘本之父"松居直先生把绘本比作"幸福的种子"。

可以说，绘本的出现不仅迎合了儿童的阅读兴趣和阅读心理，而且对儿童多种能力的培养乃至一生的成长发展都有着不可低估的作用。著名心理专家郝滨老师认为，如果家长能有意识地选择一些优秀的绘本和孩子们一起阅读，既有助于帮助孩子建构精神世界，促进心智化发展，又有助于培养孩子良好的道德品质和行为习惯。中国图画书创作研究中心主任陈晖在儿童早期阅读方面提出了9条建议，其中一条，她指出"阅读图画书能够提高孩子包括观察力、注意力、想象力、理解力、思考力、创造力等在内的各种能力。"

同时，在绘本阅读推广中发现，开展绘本阅读有利于推进儿童早期阅读发展。早期阅读是儿童阅读兴趣养成的启蒙阶段，是指0—6岁学前儿童凭借变化着的色彩、图像、文字或凭借成人形象的读讲来理解读物的活动过程。简而言之，它着意培养的是一种能力，希望以阅读的方式，让孩子学会理解他所接触到的一切形式的信息。处于早期阅读阶段的儿童，与青少年、成年人最显著的不同在于，他们认识的文字符号非常少。而绘本是以图+文的形式呈现的，天然适合早期阅读阶段的儿童。同时，儿童绘本从创作开始就关注儿童的心理发展特征，从儿童本位出发，讲述的多为孩子在现实生活中会实际遇到的事情和知识，具有非常强的实用性。

2. 项目设计

从2010年开始，张家港市少年儿童图书馆就把绘本阅读推广提上了图书馆发展的重要日程，专门设置了绘本阅读区。2014年，根据"分级阅读、借阅一体、环境激励、动静结合"理念，对张家港市少年儿童图书馆进行了升级改造。改造中，馆内单独设立了300平方米的绘本馆，汇集了世界各国优秀绘本7500余种、36000余册，以满足不同年龄段的少年儿童对绘本的阅读需求。结合张家港市全民阅读领域研究成果，图书馆以绘本阅读为载体，提倡互动式分享阅读，同时进一步深化互动式分享阅读的内涵，提出了"立体式绘本阅读"概念，即加强体系建设、引入专家指导、出版阅读指导用书，发放阅读礼包、开展阅读调查、推荐绘本阅读书目、建立阅读实验基地、推进长三角一体化建设、创作一批原创绘本、定期举行绘本故事会、开展亲子绘本故事讲述比赛等。此外，还邀请专家学者通过讲座的形式，一方面为家长、老师进行系统培训，包括阅读理念、阅读技巧、课案撰写等；另一方面为学生带来生动有趣的绘本故事欣赏课等。

整个项目按照分级阅读的要求，围绕体系建设、阵地建设、队伍建设、活动建设开展，特别是广泛依托全市广大阅读推广人、阅读推广组织及志愿者们，秉持公益、均等、便利的阅读推广理念，突出"讲""演""绘""写"四个板块，融合了"绘本+手工"、"绘本+表演"、"绘本+绘画"、"绘本+写作"、"绘本+游戏"等多种形式，呈现出策划体系化、活动品牌化、推广社会化、团队专业化、服务亲情化的特点，让情景式、多元化的绘本阅读推广活动立体呈现，有效惠及全市广大少年儿童。

3. 主要内容

一是加强全民阅读体系建设。根据《张家港市"书香城市"建设指标体系（试行）》中有关分众化和分级阅读的规定，着力开展了0—3岁宝贝启蒙行动、3—6岁幼儿启智行动、小学"红读"活动等。这不仅为在全市体系化、规范化、品牌化开展儿童早期阅读奠定了理论基础，而且还持续有效地放大了绘本的阅读效应，阅读绘本也成为全市全民阅读推广中的有力载体。在面向0—3岁婴幼儿赠送的"阅读大礼包"中，内有指导用书1册、成长测量尺1把、宝宝布书2册、阅读记录册1份、阅读随身包1个。同时，于2016年6月发布的《0—3岁婴幼儿阅读能力发展测评标准》，首次将阅读能力发展作为测评目标，填补了国内0—3岁婴幼儿阅读能力发展测评的空白。

二是引入全民阅读专家指导。为进一步提升绘本阅读推广的质量，更好地指导团队开展相应活动，2012年张家港市图书馆联合中国新闻出版研究院发布了《张家港全民阅读状况调查研究报告》。调查显示，在张家港市0—8周岁儿童中，有86.7%的儿童曾读过挂图、绘本、识图卡片、识字卡片、玩具书、图书、报刊中的一种或几种。同时，图书馆又联合南京师范大学全民阅读研究中心，于2013年出版了《阅读，种下一棵幸福树》，就如何开展绘本阅读推广进行指导；2020年，与其签订战略合作协议，开展"幸福树"亲子共读计划。调查显示，在13578份有效问卷中，有85.79%的家长认为绘本是亲子阅读读物的首选。此外，还邀请保冬妮、敖德、王一梅、杨红樱等国内著名的作家、阅读推广人来馆做专题讲座,向全市广大市民家庭提供更专业、更权威的亲子阅读指导。

三是成立绘本阅读实验基地。张家港市图书馆广泛依托文教战略合作项目,以"推进绘本阅读进校园"为主题,深入相关小学、幼儿园挂牌成立了"绘本阅读实验基地",定期邀请阅读推广人开展指导,培养一批读、写、画突出的优秀人才。在此基础上,根据公共图书馆公益性、基本性、均等性、便利性的要求,图书馆联合实验基地,共同面向全市0—12岁儿童,推出了《张家港市基层图书馆亲子阅读基础藏书书目》;同时以"庆祝张家港建县(市)60周年"为主题,以分级阅读为理念,开展百种图书推荐,其中向0—3岁、3—6岁儿童推荐主题绘本18种。此外,图书馆还深入竹林童话书屋、森林书屋开展绘本故事讲述活动,创建了"六个帐篷""草木滋味"等多个阅读品牌。

四是参与长三角一体化建设。张家港市图书馆持续深化"沪张"双核驱动,和上海浦东图书馆签订《上海张家港两地全民阅读交流合作协议》,就全民阅读合作领域、合作机制、合作空间展开对话和交流,并参与以"使命担当引领——公共图书馆开启儿童阅读新时代"为主题的第十二届浦东图书馆学术论坛暨上海市浦东新区图书馆学会年会,进行少儿阅读项目交流和展示。图书馆联合国内著名阅读推广人范路明,推出了"小时候·绘本牵手共悦读"项目,围绕原创绘本创作、师资培养展开合作。此外,还广泛依托南京、上海等馆的辐射资源,组织开展了意大利博洛尼亚国际儿童书展·中国插画名家作品展、首届傅兰雅绘本奖获奖作品展等。

五是深入开展文化志愿服务。张家港市图书馆广泛依托文化志愿服务团,成立喜阅英语绘本剧团,定期排练和演出英语绘本剧,提升儿童阅读兴趣;同时,依托民间阅读推广人,每周定期在张家港市少儿图书馆开展彩虹姐姐读绘本、手指谣亲子读书会等活动;在张家港市图书馆开展"张图妈妈"故事会等活动。图书馆在"书香张家港"开设了张图妈妈故事电台,每周五定期推荐优秀绘本。特别是还加大了绘本讲读的衍生服务，组织开展了懿玲姐姐简笔画、"小石头儿童画"、图画书故事衣制作、亲子手工坊等活动，并于每个月组织一期儿童绘本讲述比赛，每月评选出月冠军，年度评选出年度总冠军。此外，还邀请文化志愿者，定期给馆员上培训课，教授如何讲好一本绘本，如何撰写好一份课案。

六是普及儿童绘本阅读实践。为大力提升学校、家庭、社会特别是儿童对绘本阅读的认识，从 2015 年开始，张家港市已连续 7 年开展张家港市少年儿童原创绘本的创作活动，鼓励学生写故事、画故事，馆方通过评选，择优选出优秀绘本进行版权申报、精制作、深加工，免费发放给全市少年儿童阅读，并以此开发了围巾、笔、眼罩等一批文创产品，广泛用于文化交流，集中展现全市少年儿童的阅读收获。同时，和张家港市融媒体中心展开合作，推出"书香港城阅读汇"，设立少儿阅读电视专场；并依托该中心少儿板块主持人，组织开展"跟子轩姐姐讲故事"校园行活动，每周一期，定期讲好一个绘本故事，有效丰富全市广大少年儿童的阅读文化生活。

4．实施要点

项目的创新性方面，在结合国内外先进的绘本阅读推广理念的基础上，充分了解儿童心理、生理发展特点，团队以绘本为切入口，立体化呈现绘本阅读推广的益处。特别是结合儿童早期阅读，推出系列抓手，既让儿童积极享受到阅读的快乐，也让家长认识到推广绘本阅读，有利于儿童早期阅读，有利于儿童语言、思维等能力的发展，特别是能够从小培养儿童的阅读兴趣。此外，在团队中，成员有学校老师、民间阅读爱好者、馆员等，他们不仅学历高、知识面广，还热爱儿童、了解儿童，为绘本阅读活动提供技术支持。

项目的可推广性方面，目前，该项目的足迹已遍布全市各小学、幼儿园，特别是全市广大村（社区），惠及的群体不仅仅是儿童，还有家长。项目不仅得到了上层各级领导的支持，更是受到了基层老百姓的欢迎。在张家港市少年儿童图

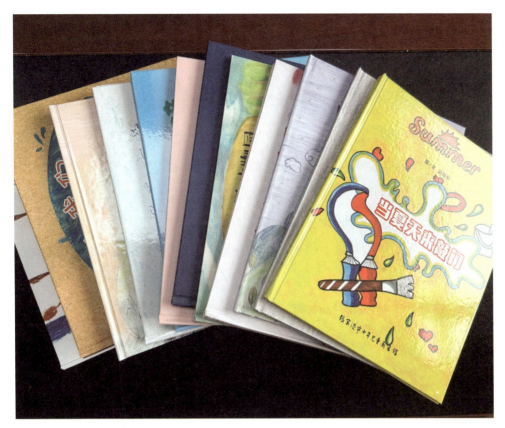

张家港市少年儿童创作的部分绘本作品

书馆,绘本阅读是一大热点;在学校,有单独成立的绘本馆;在乡镇分馆,有绘本阅读区;在村(社区)有定期组织开展的绘本故事会。此外,团队整理出来的推荐书目、学生出版的儿童绘本、志愿者开展的绘本故事讲述活动,更是得到了大家的认可。

项目的可持续性方面,整个项目的流程,第一是有系统的阅读理论体系支撑,为在全市绘本阅读的推广建立了可持续的理论抓手。第二是有专业的规划,项目从阵地、团队、内容都有详细、周到的规划。第三是有完备的网络支持,以绘本为抓手,打造了图书馆—学校—家庭—社区四位一体的阅读关怀网络。第四是有资深的培训,广泛依托专家、学者及热爱阅读推广的教师、家长,开展有针对性的绘本阅读培训。

5. 成效影响

张家港市少年儿童图书馆自 2016 年 6 月起，仅绘本馆就已接待 2071602 人次，借阅绘本 274722 册次；组织开展彩虹姐姐读绘本 624 期，亲子手工坊活动 312 期，图画书故事衣制作 72 期，懿玲姐姐简笔画 36 期，"小石头儿童画"活动 24 期；绘本故事比赛 36 期，排演英语绘本剧 5 个，组织开展绘本、插画作品展 4 期，围绕绘本阅读推广和儿童文学导读，组织开展讲座 15 期。特别是自 2015 年以来，张家港市少年儿童图书馆组织开展了张家港市少年儿童原创绘本作品大赛，共收到作品 4000 余件，其中已有 53 件作品通过深制作、精加工，免费发放给全市广大少年儿童阅读，并有 3 个作品在《绘读绘写》期刊登出；同

张家港市少年儿童图书馆"图画书故事衣"培训

时,还大力开展有声阅读推广活动,通过张图妈妈故事电台,录制绘本故事50个;此外,还广泛依托"张图网借"功能,推进绘本阅读"门到门、户到户、手到手"定向阅读服务。2022年,借助"共读张家港"张家港市全民阅读云平台和党政通、今日张家港手机软件的架桥连续功能,全市广大读者可通过该平台在线阅读绘本故事。

良好的服务受到了全市广大读者及各级领导的好评。2016年4月,在张家港市召开了全国文明城市现场交流会,张家港市少年儿童的原创绘本作为公共文化服务的一大亮点,传递到全国;张家港市少年儿童图书馆绘本馆多次蝉联全国"十佳绘本馆"称号,并获评"2019年度影响力绘本馆"称号;以绘本讲述为载体的"沙洲故事汇"张家港市少年儿童故事推广项目入选2018年度苏州市群众

未成年人在张家港市少年儿童图书馆阅读张家港市青少年的原创绘本

文化"五个一百"工程优秀文化活动品牌；子轩姐姐教你讲故事获评 2018 年度苏州市优秀阅读创新项目奖；"书香港城·阅读汇"第二季获评苏州阅读节优秀活动奖；张图妈妈故事会、彩虹姐姐故事会获评张家港市全民阅读活动优秀阅读组织奖和阅读项目奖；"彩虹姐姐"巾帼志愿服务团队先后获得"苏州市十佳巾帼志愿者团队""张家港市特色巾帼志愿服务团队""张家港市青年文明号"等荣誉称号，项目彩虹姐姐故事会还荣获 2014 年度中国图书馆学会"图书馆书友会优秀案例征集"三等奖。

2017 年 4 月 20 日，中国文明网以《张家港：阅读创造美好生活文明引领城市风尚》为题报道了该馆彩虹姐姐故事会项目；2022 年 7 月 6 日，中国文化报聚焦儿童阅读，推出深度报道，以《将绘本融入儿童生活——公共图书馆助力儿童健康成长》为题，详细介绍了张家港市少年儿童图书馆在绘本阅读推广方面的一些做法。

下一步，张家港市少年儿童图书馆将持续以儿童为中心，从儿童视角出发，大力融合各方资源，持续扩大影响，将绘本阅读推广和公共文化服务结合起来，和全民阅读推广结合起来，和儿童早期阅读结合起来，通过和幼儿园建立阅读联盟的形式，以绘本为载体，探索儿童早期阅读推广课程化、目标式、标准化模式，多角度、多维度激发儿童的阅读兴趣，真正将绘本融入儿童生活。

（四）优秀案例四："诗语少年"诗词进校园

1. 实施背景

中国是一个诗的国度。以唐诗宋词为代表的中华诗词是中国文学艺术宝库的瑰宝，是中华民族的文化基因，已经创造了中国文学史上的辉煌。中华诗词如万古江河，有多少光辉的诗篇，就有多少种"中国式浪漫"在华夏儿女的血脉深处流淌不息，跨越千年直抵人心。

1945 年，在重庆国共谈判期间，毛泽东主席以一首《沁园春·雪》在历史上留下一段"佳作唱和传渝州"的传奇佳话，至今仍为世人传颂。党的十八大以来，习近平总书记独具个性的语言风格，引起广泛关注。从李杜到苏辛，从孔夫子到毛主席，对经典诗词的精妙运用，堪称其中的神来之笔。

张家港市诗词学会会长周锦飞在学校为青少年普及中华诗词

用诗词讲好中国故事，用诗词凝聚民族情感。中华诗词是中华民族文化的瑰宝，是弘扬中华民族优秀传统文化的重要载体。

2. 项目设计

当今，随着全民阅读发展的方针政策、规划纲要相继推出，全民阅读活动在我国发展迅速，以图书馆界、高校等为主的各个主体不少都已在全民阅读的实践中取得了丰硕成绩，各个城市也都在努力打造自己的城市品牌，书香南京、书香苏州、书香张家港等应运而生。在这些热闹的全民阅读活动中，不乏诗词文化活动与青少年儿童阅读活动的身影，但两者的融合更彰显出中华诗词的魅力和全民阅读推广的影响力。

早在 2013 年 11 月，张家港市就推出了《张家港市"书香城市"建设指标体系（试行）》，强调通过分众化和分级阅读，开展 0—3 岁宝贝启蒙行动、3—6 岁幼儿启智行动、小学"红读"活动等，并指出要突出"背、吟、用"，利用春节、清明、端午、中秋等传统节日，组织开展好"我们的节日"经典诵读系列活动。同时，要充分发挥张家港市青少年社会实践基地中华经典诵读馆的功能，将经典诵读活动纳入基地课程，作为基地受训学生的特色项目。2014 年，张家港市少年儿童图书馆在馆舍改造期间，就把弘扬中华优秀传统文化作为办馆核心，单设了国风斋。在此基础上，自 2015 年 3 月起，张家港市图书馆联合民间阅读组织推出了"诗语少年"诗词进校园项目。该项目主要围绕实现中华民族伟大复兴的中国梦，坚持用中华诗词讲述中华文明辉煌灿烂的历史，深入全市各相关学校，通过"诗教进校园"普及工作，让全市广大青少年切实领略感悟中华诗词的音韵之美、意蕴之美和品德之美，让中华诗词焕发新活力、开创新境界、构建新模式，牢牢扎根于广大青少年的心田，为助推全民阅读，共建"书香城市"营造了浓厚的中华文化阅读氛围。

3. 主要内容

以传承和弘扬为己任，挂牌成立"诗教基地"。诗词是中华优秀传统文化中最闪亮的明星，传承需要深厚的渊源、扎实的功底及承载的实体，弘扬更需要高屋建瓴的视野、春风化雨的手法和步步为营的实践。2020年12月，张家港外国语学校诗教基地挂牌成立，为传统文化的传承与弘扬打下更加坚实的基础。在此基础上，于2021年9月，中华诗词学会现当代诗词研究工作委员会张家港基地和上海大学中华诗词创作研究院张家港合作基地挂牌成立，为项目的繁荣和交流创造了条件。

以诗教进校园为宗旨，创新推进"文教合作"。为进一步将"中华诗教"精神的传播与中小学诗词教学教育、传统文化建设深度融合、协调发展，项目从开始实施时，就把校园文化建设和优秀文化传承结合起来，把校本课程普及和全民

"古文阅读与传统文化"专题讲座现场

阅读推广结合起来，把人才队伍培养和活动品牌创建结合起来，深入江苏省梁丰高级中学、张家港市沙洲中学、张家港外国语学校、张家港市锦丰初级中学、张家港市白鹿小学等 10 余所中小学，通过"四点半"课堂，以组建校园诗社为抓手，围绕诗词吟诵、赏析、演绎、创作等活动内容，组织举办各类培训 233 次，受益学生达 2 万余人次。

以导师带徒弟为方向，夯实厚植"薪火基石"。为力求项目出人才、出精品，在挖掘中华诗词精神高度、文化内涵、艺术价值的基础上，加大了对项目师资的培养。目前，整个团队有成员 120 多人，平均年龄 40 岁，有国内一线诗词创作者 1 名，有 8 名专职任课教师；已经举办"梦回唐宋"会员学术讲座 89 期，有效提升项目发展软实力。同时，聘请了邢烈、周秦、钱锡生、曹辛华等一批中华诗词界的大咖任客座教授，为该项目量身定制诗教课程，不断提升授课质量。并编印出刊《今虞雅集》8 卷，创设作品 4500 多首，录制古诗词吟诵音频作品 102 条。

以融合和展示为载体，有效提升"内生动力"。自项目实施以来，团队多次组织学生参与各级各类主题性阅读推广活动。在 2017—2019 年，组织学生代表连续三届参加全市"书香港城阅读汇"节目录制；多次参加"国学子弟才艺少年"新市民子女诵读经典活动，每年 4·23 世界读书日期间，参与张家港市全民读书月启动仪式并进行项目展示；特别是还组织学生代表，以诗词吟诵为主要内容，积极参与校园文化节、全市"我们的节日"主题活动及市少儿图书馆青少年阅读夏令营等活动，受到了大家的欢迎和好评。

以精品促普及为基础，繁荣兴盛"诗语少年"。为全面提升诗词创作的普及、提高和发展，进一步发挥诗词教化育人的社会效用，项目组广泛组织学生参与诗词的创作。8 年来，有 300 多名学生创作了近千个作品；有 4 名学生入选苏州代表队（共 12 人），参加 2019 年、2020 年的中央电视台中国诗词大会南京赛区的选拔；有 21 名学生在第二届长三角"柘禾杯"中小学生诗词大赛中获奖；有 1 名学生在 2021 年第三届"湘天华杯"全国青少年诗词大赛中获奖；有 11 名学生在首届环太湖文化旅游诗词大赛中获奖；此外，有 10 名学生在《当代诗词》杂志发表了作品，较好地反映了该项目取得的阶段性成果。

4. 实施要点

一是推广理念创新。本项目的核心创新点在于以弘扬中华优秀传统文化为己任，以中华诗词为重点推广内容，结合全民阅读推广和公共文化服务的理念，将中华诗词文化传承与青少年儿童阅读服务相结合，在阅读中继承中华诗词的优良传统，激发青少年儿童的诗词创造力，让中华诗词焕发新活力、开创新境界、构建新模式，成为推动中华文化繁荣发展的助推器。

二是推广模式创新。本项目是"文教战略合作项目"之一，旨在通过这一创新的服务形式，通过融合丰富的公共文化资源和有力的民间阅读组织力量，将学校一同拉进青少年儿童的阅读推广工作中，不仅增加了阅读服务的推广渠道和覆盖范围，还有利于协调各政府部门关于青少年儿童阅读服务（全民阅读）的齐头发展，更有利于加强传统诗词文化在青少年儿童中的影响力，让诗词文化能覆盖到年轻群体，使诗词文化传承"有枝可依"。

三是推广形式创新。在整个项目的推广中，除深入学校进行线下授课之外，还重点突出"阅读+"的形式来推广。如："阅读+电视台"，进行线上电视比赛；"阅读+比赛"，通过各主题作品征集大赛，集中展现风采；"阅读+吟诵"，邀请非遗传承人，现场教学；通过相关平台，集中展示；"阅读+基地"，通过和国内诗词文化名人合作，通过挂牌建立基地的形式，来推进整个项目的普及、提高和发展。

5. 成效影响

项目先后获得2015、2017、2018、2019、2020年度张家港市优秀文化志愿服务项目，2015年度张家港市优秀志愿服务项目，2017年张家港市"艺术进校园"优秀项目，2019年张家港市文教战略合作优秀项目，2021年苏州市全民阅读创新项目等荣誉。主办的学会于2017年被评为江苏省诗教先进单位。《张家港日报》、"五彩沙洲""书香张家港"等媒体曾多次推广和发布活动信息。2017年4月23日相关新闻登上了《光明日报》头版。

第六章

张家港市少儿阅读服务的探索与体悟

在张家港,文明推动了书香张家港的养成。以文化人、以文育人的有效做法为推动全民道德实践、丰富民众的精神文化生活创造了良好条件。

一、构建少儿阅读服务体系，建设独立建制的少儿图书馆

（一）构建少儿阅读服务体系，完善少儿阅读服务

在现代公共文化服务理念中，评价一个地区的公共图书馆服务水平并非指一个个单体图书馆的服务能力，而是从该地区公共阅读服务体系的构建整体来进行考量和评价。近年来，在张家港市，少儿阅读服务的发展，作为公共阅读服务工作推进的重要一环，也一直是从体系化的角度来思考和构建的。张家港市图书馆从少儿阅读服务的特点出发，逐步建立完善出一个涵盖五个层级、业务相对独立、设施网络实现全覆盖的少儿阅读服务体系。

张家港市少儿阅读服务体系与张家港市的公共图书馆服务体系是既相互依托又相对独立的关系。从整个张家港市公共图书馆服务体系的架构来看，少儿阅读服务体系是依托于这一总分馆服务体系而存在的。张家港市图书馆的少儿借阅室和张家港市少年儿童图书馆，在整个少儿阅读服务体系中处于统领、指挥、指导地位。少儿阅读服务的各网点分布于镇（办事处）分馆、农家书屋（社区图书馆）基层服务点中。而值得一提的是，在张家港市，无论是各镇级分馆和还是基层服务点，专门面向青少年儿童开展的阅读服务工作都得到了高度的重视。这里不但设有专门的阅读区域，而且这些区域从空间的设计、装修装饰、采光和家具配置上都更适合青少年。舒适的阅读环境，使他们更有归属感。专门面向青少年的丰富多彩的阅读服务也依托于这些设施而展开。当前，像张家港市这样，在大的公共图书馆总分馆框架下，从总馆、分馆到基层服务点均单独强化构建了一个针对少儿阅读的服务体系的地区并不多见。

秉承"张家港精神"的张家港人并不满足于三个层级少儿阅读服务体系的基本架构。在许多创新的实践中，打破少儿阅读服务的"最后一公里"、构建全覆盖的少儿阅读服务体系的理念，也得到了深化。比如自2013年启动建设的24小时图书馆驿站就成了该体系的一项有益补充，其不仅兼顾了少儿读者的阅读需

图书流动车在学校开展巡回服务

要,许多系列化、项目化、常态化开展的阅读活动也丰富了小读者的阅读体验。

此外,张家港还积极推动联合社会力量参与少儿阅读服务体系的建设,幸福家长驿站、趣读墙、图书漂流等多样态的服务模式为整个服务体系提供了更多的拓展和扩充,盘活了资源,提高了服务效能,更加满足了人们多样化的需求。

(二)建立独立建制的少儿图书馆,统筹指挥与总体指导

与英国、美国等国家不同,我国公共图书馆少儿服务的组织形式有三种:独立建制、公共图书馆中的少儿阅览室、一馆两牌制。所谓独立建制,就是指有独立的法人资格、独立的财务核算、独立的人员编制,能独立承担民事责任的少儿图书馆。通常独立建制的少儿馆有自己独立的建筑,服务的对象以18岁以下的少年儿童为主。公共图书馆中的少儿阅览室是指在公共图书馆内设立的为儿童服务的阅览室,这种阅览室多是隶属于借阅部门,不是独立的业务部门,仅负责儿童的阅览工作。一馆两牌制指一套班子、两块牌子。部分公共图书馆中设立有为儿童服务的部门,对内称"少儿部",对外挂牌称"少儿馆"或"少儿分馆"。

这类部门没有独立编制，人事、财务归属于公共图书馆，但在业务上相对独立。独立建制和一馆两牌是我国少儿图书馆特有的方式，在英国、美国等国家是没有独立建制的少儿图书馆的，他们只有设立在公共图书馆中的少儿阅览室，也被称为"少儿图书馆"，采用的是馆中馆的形式。独立建制的少儿馆也算是我国少儿图书馆服务的一大特色，因为是独立建制，所以它的针对性更强，专门为少年儿童提供服务，无论在馆藏资源、馆内环境、馆内人员的配置上都更加完善。

张家港最初的少儿图书馆是以馆中馆的形式存在于张家港市图书馆中，2009年9月改建为张家港市少年儿童图书馆，由少儿室变为独立建制的少儿图书馆，并于2010年2月对外开放。2014年9月根据分级阅读理念重新改造布馆，成为全国首家采取分龄阅读、分众服务的少儿馆，2016年4月正式对外开放。改造后的张家港市少年儿童图书馆成为张家港市推行全民阅读和书香城市建设的主阵地，与孩子们的阅读息息相关。

2019"七彩的夏日"张家港市青少年阅读夏令营开班仪式现场

为了让少儿阅读开展得更加科学、更有针对性，馆内为不同年龄段的读者打造了不同的阅读空间，芽芽园、绘本馆、国风斋……在馆内，这样的空间有25个。为丰富少儿阅读，打破过去借与还的被动服务，改变人们将少儿图书馆理解为书店的错误认识，张家港市少年儿童图书馆采取了举办丰富多彩的活动来聚集人气的措施，激活张家港市少年儿童图书馆。"彩虹姐姐"读绘本、手指谣亲子读书会、文明礼仪故事会、青少年阅读夏（冬）令营、电子书制作、国学讲座、少年儿童绘画比赛等活动定期、持续开展，有的活动成了少儿图书馆的特色和品牌，深受孩子和家长的喜爱。活动激励阅读，是张家港市少年儿童图书馆让孩子爱上阅读的一种有效实践。作为少儿阅读的主要阵地，张家港市少年儿童图书馆已经成为孩子接触阅读、走近阅读、爱上阅读的重要场所。

在推动少儿阅读发展，提升港城居民整体文化素质，建设书香城市的奋斗过程中，张家港市少年儿童图书馆与张家港市图书馆共同担负起全市公共阅读专业指导、活动组织、资源支撑和人员培训的核心功能，发挥了总指挥的作用，统筹协调各方事宜，其中很多事情都是由它们牵头制定和实施的，如首次在全国实施分龄、分众的阅读服务；推出阅读起跑线活动，免费发放"阅读大礼包"；发布全国首个《0—3岁婴幼儿阅读能力发展测评标准》，与南京师范大学全民阅读研究中心合作，共同启动学龄儿童阅读理解监控能力研究，制作儿童启蒙宝贝阅读成长测量尺；打造少儿阅读体验区，推行幸福家长驿站——"学校图书馆+"新模式；组建少儿阅读服务的专业文化志愿团队——少年儿童图书馆文化志愿服务团，大胆尝试文化小志愿者的辅助服务方式；成立民间阅读推广人和阅读推广组织基地，大力鼓励民间阅读力量的加入。

二、分龄开展,分众服务

(一)分龄与分众——少儿阅读服务的科学指导与依据

分龄阅读,也叫分级阅读,是指根据读者的阅读年龄开展的阅读活动,主要适用于未成年人阅读,因为这个年龄段孩子的心智处于不断发展变化之中,因此对阅读的需求也有所不同,不同年龄阶段的孩子需要阅读不同的作品,这是孩子阅读成长过程中的必然要求。因此为孩子提供适合其年龄特点的书籍,就是分龄阅读。

分龄阅读最早起源于欧美等国,如英国发起的阅读起跑线活动,美国的出生即阅读活动人生头五年活动,德国的阅读的三个里程碑活动,这些活动均选取少儿阅读发展过程中的关键节点,将少儿阅读划分为0—1岁、1—3岁、3—6岁、6—12岁等不同阶段。我国图书馆学界的泰斗刘国钧先生早在20世纪20—30年代就注意到了儿童不同年龄段阅读的特点,在《儿童图书馆和儿童文学》一文中指出儿童用书要根据儿童心理发展的特点来确立,还分别指出了前儿童期、后儿童期和前青年期三个不同时期适合儿童阅读的儿童文学书籍。如学前期儿童图书以歌谣、童话最为合宜,后儿童期喜欢伟人的故事,能够激发他们勇敢的心;前青年期则更喜欢情感类的图书,开始觉悟自己与社会的关系,这一时期也是青年道德形成的关键时期。

少儿的分龄阅读得到了国内外的普遍认同,少儿图书馆一般都会按照少儿发展的不同年龄段,区分为不同的阅读空间,如低幼儿童阅读区、小学生阅读区、中学生阅读区。在不同的阅读空间内,依据此年龄段儿童心理和生理发展的具体特点,放置与之年龄相关的图书、阅览设备,并进行相应的空间布局。只不过目前阶段国外在这方面起步较早,经验更丰富,有许多成熟的做法值得我们学习和借鉴。作为少儿阅读服务的科学指导和依据,我国在分龄阅读上也开始了自己的探索,张家港市少年儿童图书馆在这方面走在了国内的前列,率先在全国少儿图书馆界提出"分级阅读、分众服务"的阅读理念。

（二）张家港市少儿分龄阅读、分众服务的实践

张家港市少年儿童图书馆2014年进行全面升级改造，以"分级阅读、分众服务"理念为指导布馆，按照0—3岁、3—6岁、小学生、中学生等不同年龄段读者的特点，相应设置芽芽园、梦想小舞台、绘本馆、小学生借阅室、中学生借阅室等阅览空间。依据每个年龄段孩子的特点布置符合其心理和生理发育特点的阅读环境。在芽芽园，以"森林读书会"为主题，设置可爱的动物元素来活跃空间氛围；在小学生借阅室，以浅绿色为主，设计台阶式书架；中学生借阅室则布置得古色古香，给读者以浓烈的传统文化气息。此外，阅读活动的设置也是根据少儿的特点来精心设计的，针对每个年龄段的孩子推出了特色活动，如0—3岁的宝贝启蒙行动、3—6岁的幼儿启智行动、6—12岁的小学生乐读童年行动、12—18岁中学生喜阅青春行动等。借鉴英国阅读起跑线的经验，张家港市少儿图书馆还面向全市0—3岁儿童家庭推出阅读起跑线计划，免费发放"阅读大礼包"，开展家庭早期教育活动。从理念到行动，张家港市用实践诠释了"分级阅读、分众服务"，将未成年人与成人区别开来，并对未成年人群体进行了进一步的细化。

（三）分众与分龄让张家港少儿阅读服务更科学

分众化的全民阅读引导机制是张家港市的"十六个全国首创"之一，突破以往就阅读谈阅读、以单一的阅读活动覆盖全部人群的工作思路，进一步加强阅读活动按照人群因素进行分类引导、合理规划的组织导向。0—3岁婴幼儿、3—6岁儿童、青少年学生等是分众化阅读的重点人群。在分众化的全民阅读引导机制的指引下，张家港市开始面向不同人群提供各类有针对性的服务，形成了阅读起跑线计划、幼儿启智行动、阳光驿站计划、夕阳红阅读计划等特色阅读品牌。

分龄阅读是分众化的进一步延伸，选取未成年人这个人群做进一步的细化，

将这类人群划分为 0—3 岁、3—6 岁、小学生、中学生等几个阶段，并有针对性地推出系列活动。对读者采取分级服务后，张家港市的少儿阅读服务变得更加科学、规范，读者的参与性提高，每个年龄段的孩子都能找到适合自己的阅读方式。0—3 岁孩子可以电子涂鸦、做手语游戏；3—6 岁孩子可以制作电子书；小学生能体验多项高科技活动。通过分众化布局和服务，小读者和家长能快速找到心仪的项目，进馆读者人数比之前增加了四成，阅读效果有了明显提升。分级阅读让少儿阅读活动更具有针对性，更加科学有效。

三、重视家庭阅读在低幼儿童阅读中的重要性

（一）家庭是低幼儿童阅读开始的地方

家庭是继学校、图书馆之外，孩子开展阅读的又一重要阵地，尤其是低幼儿童，他们接触图书就是在家里，在父母的陪伴下开始的。人生早期的阅读是以父母朗读、讲故事的方式起步的，逐步发展为亲子共读，再到后来孩子的独立阅读。家庭对于一个孩子阅读习惯和阅读兴趣的培养是非常重要的，"书香家庭"建设是"书香社会"建设的基本单元，只有在家庭中营造良好的阅读氛围，孩子才能通过耳濡目染接触到阅读、走进阅读，从而爱上阅读。英国、美国等图书馆儿童阅读服务比较发达的国家都十分重视家庭在儿童阅读中的重要性，将家庭视为儿童阅读推广的起点、图书馆阅读服务开展的重要合作对象。近几年，他们大力开展的家庭学习计划和社区融入就是将家庭作为阅读的重要阵地，以孩子为纽带，带动整个家庭的阅读。

2022年，参与浦东图书馆组织举办的"家庭教育中的阅读力量"微论坛

大新镇长江书房

(二)用家庭阅读方式推动低幼儿童的阅读

　　低幼儿童阅读的开展离不开家庭的支撑,年龄越小,儿童对于成人的依赖性就越大。由于他们不具备阅读的能力,也没有到馆看书的能力,因此图书馆在面向这类群体进行阅读推广时,必须以家庭阅读方式为主来推动。张家港市少儿阅读服务非常重视低幼儿童阅读的宣传和推广,采取的主要方式就是以家庭阅读推动低幼儿童阅读,从而将这类群体有效包含在自己的服务范围内。如从2014年开始推出阅读起跑线计划项目,以及配套出现在阅读大礼包中的儿童启蒙宝贝阅读成长测量尺,以及2016年发布的《0—3岁婴幼儿阅读能力发展测评标准》,都是以家庭为单位,以父母为主体,带动低幼儿童阅读,通过对家长的阅读指导,让父母成为孩子的阅读启蒙师。家庭阅读方式让图书馆将阅读的种子播撒在家庭的土壤上,再由父母在家庭这个熟悉的环境中作用于孩子身上,从而让阅读在孩子心中慢慢生根、发芽。

四、公共图书馆的少儿阅读区别于其他机构

（一）公共图书馆的少儿阅读应去功利化

公共图书馆作为少儿阅读的一个重要场所，是区别于学校和课外培训机构的，它不是以认识文字、学习知识、提高应试能力为主要目标，而是以养成儿童的良好阅读习惯和阅读兴趣为使命的。《公共图书馆宣言》中主要使命的第一条就是养成并强化儿童早期的阅读习惯，明确了图书馆与学校阅读的不同。公共图书馆的阅读应该是一种轻松、愉快的阅读方式，是孩子娱乐方式的一种，这种阅读是休闲的、自由的、无目的的，这是图书馆少儿阅读的生存之本。图书馆人只有意识到这一点，才能将少儿阅读做得有趣，体现自己的价值和存在的意义。图书馆要抓住自己的立足之基，花心思让阅读变得生动、有趣，让孩子可以没有压力地到馆阅读，唯有如此，图书馆才能在孩子已经为学习、课外培训剥夺得少得可怜的课外时间中占领一席之地。

（二）公共图书馆少儿阅读的定位：引导、帮助、培训

与学校教育目标指导下的阅读不同，图书馆阅读的目的是让孩子亲近图书、阅读图书、激发儿童的阅读兴趣、养成良好的阅读习惯，从而拥有愉快的阅读经历和美好的阅读体验。公共图书馆要明确自己在少儿阅读上的定位，不是教育，而是引导、帮助和培训，这与它的使命是紧密相连的。首先是引导，图书馆要通过一些生动有趣的、形式多样的活动，引导少儿去感受阅读的魅力，享受阅读的乐趣，最后形成阅读意愿；其次是训练，由于儿童的阅读技能还不完备，所以图书馆需要通关过绘本阅读、故事会等形式去训练他们，让他们逐渐掌握阅读的技巧技能；再次是帮助，特别是对于低幼儿童的阅读帮助，包括图书的查找、图书的推荐及阅读的指导，在图书馆员的帮助下，让孩子步入阅读的园地，体味阅读的乐趣。只有明确了自己的定位，积极发挥自己的作用，才能使得图书馆的阅读真正区别于其他机构，让图书馆成为孩子阅读的理想场所。

第七章

民间阅读推动
张家港市少儿阅读服务蓬勃开展

作为全国首批书香城市，近几年来，张家港市积极整合社会资源，凝聚民间阅读力量搭建全民阅读服务、联系、交流、互动、发展的平台，使"书香城市"建设从党委政府"单向推动"变为"同频共振"。

一、建立阅读推广人与民间阅读组织机制

阅读推广人是张家港市在"书香城市"建设过程中建立的专业化基层阅读推广人才队伍。张家港市借鉴深圳市建设阅读推广人队伍的经验，将阅读推广人细分为阅读推广师和阅读推广员两类。所谓阅读推广师，是指参加了系统的阅读推广相关课程的培训和观摩实践，通过相关考试且成绩合格的阅读推广人，他们是阅读推广队伍的骨干，是开展全民阅读活动的核心，也是阅读推广的专家。阅读推广师实行持证上岗制度。阅读推广员是指与张家港市公共文化服务网格文化员"二位一体"的群众性阅读推广队伍。张家港市在创建国家公共文化服务体系示范区的过程中，积累了网格化公共文化服务的经验，基本做法就是把张家港市的地域范围按照人口集中度、文化关联度划分为895个网格单元，每个网格单元至少配备一名网格文化员，既承担网格内公共文化服务的提供、活动的组织，又承担群众意见的反馈、服务效能的评价等。在"书香城市"建设中，张家港市加强对网格文化员进行阅读推广专题培训，使网格文化员同时承担起阅读推广员的职责。

为了有效促进阅读推广人队伍建设，张家港制定了"书香城市"建设指标体系，设计开展张家港市优秀阅读推广人评选。张家港市委宣传部等部门专门制定了《张家港市全民阅读优秀阅读推广人评选办法》，提出了优秀阅读推广人的评选标准，具体内容如下：组织策划的阅读活动有创意，效果好；传播全民阅读理念、方法，主持阅读交流，有较大的影响和较高的知名度；编辑读书栏目、撰写书评、编制导读书目，具有一定的权威性，产生较大的社会影响；指导阅读组织、读书活动，成效显著；从事阅读推广2年以上。为了引导和鼓励阅读推广人在张家港的全民阅读活动中充分发挥表率、引领和指导作用，该指标体系还建立了阅读推广人才队伍建设的激励机制，进行人才保障。目前，张家港市全民阅读人才队伍建设的激励机制主要在两个层面上展开。一是实行阅读推广师持证上岗制度，建立较为完善的阅读推广师资格制度和阅读推广师持证上岗制度；二是开

展评选优秀阅读推广人活动。2012年，张家港市出台了《优秀阅读推广人评选办法》，每两年评选10名优秀阅读推广人，由市政府授予证书、颁发奖金，并通过主流媒体加以宣传报道。2013年6月底，张家港市又率先推出了阅读推广人资格认证管理制度，以统一培训、统一考核、持证上岗为主要内容，规范阅读推广人申报、退出机制，实现阅读推广人管理的制度化、规范化、科学化，以充分发挥阅读推广人在书香城市建设中的重要作用。

2013年6月27日至28日，首届网格文化员、阅读推广人资格认证培训班在张家港开办，成为全国第一个开展文化志愿者资格认证的县（市）。培训班的学员经过为期2天的脱产培训后将参加统一考试，考试合格后将获得网格文化员资格证书、阅读推广人资格证书。阅读推广员作为阅读活动的带头人，带领市民开展各项阅读活动。相比于阅读推广员，阅读推广师更加专业，他们不仅具有阅读推广的理论知识，而且拥有丰富的阅读推广实践经验，他们通常是获得了资格认证的阅读推广专家。阅读推广员和阅读推广师是民间阅读的推动力量，他们经常深入图书馆、社区进行阅读推广活动。江苏省梁丰高级中学的教师俞雷就是阅读推广师中的一员，他经常去锦绣社区，带领孩子们一起诵读经典、分享绘本、陶冶情操。由俞雷发起的锦绣育心读书会着眼于道德熏陶，注重于经典感悟，还定期开展国学经典诵读沙龙等系列活动。

民间阅读组织是人们基于共同的阅读兴趣和爱好而自发形成的一种阅读组织形态，主要包括热心并积极推动全民阅读的非政府组织、民间读书会、读书沙龙、志愿者组织、阅读推广人组织等。民间阅读组织是公众以书会友、思想交流、提升阅读成效的重要载体，是公众在全民阅读活动中实现自我表现、自我服务、自我教育的有效形式。为了推动和鼓励民间阅读组织的发展，张家港"书香城市"建设指标体系中还将民间阅读组织作为了一项指标，并在这个体系下衍生出了一系列的激励考评机制，特别是从资金、场地等方面对阅读沙龙、读书会、书友俱乐部、文学社等民间阅读组织给予了扶持。在2015年张家港全民读书月活动暨书香张家港公众微信平台启动仪式上,"小小心愿"爱心阅读公益活动等首批 4 个民间公益阅读组织项目获得了爱心企业的资助,这也是张家港市首次对民间阅读组织实行资金上的支持。为了促进和鼓励民间阅读组织健康发展,张家港市的"书香城市"建设指标体系设计了优秀民间阅读组织评选制度。张家港市委宣传部等部门专门制定了《张家港市全民阅读优秀民间阅读组织评选办法》,提出了优秀民间阅读组织的评选标准:坚持公益原则,定期开展各类公益阅读活动;团队建制稳定,人数在 10 人以上,有计划、有管理,持之以恒;阅读活动经常化,全年活动 50 次以上,成员参与率达 80% 以上;成效显著,社会形象好。优秀民间阅读组织的评选每 2 年评选一次,每次评出 10 个,由市委、市政府给予表彰奖励。目前,张家港市有民间阅读推广组织 300 多家(表 7-1)、阅读推广人 1800 余人。

民间阅读组织同阅读推广人队伍一样,在激发民众阅读的主体意识和创造力上是一支不可或缺的力量。今虞诗社举办"梦回唐宋"诗词普及等公益讲座,走进中小学校,让更多的学生感受国学经典的魅力;"一起读吧"悦读会,倡导悦读分享、丰盈灵魂,让阅读爱好者在交流、分享、感悟中获得更多阅读乐趣;大爱书院有上万册书刊,让不同的人群都可以在这里读书交流、收获知识、滋养心灵。

图书馆作为阅读的重要场所,与阅读推广人及阅读推广组织之间应该紧密配合,为民间读书组织的发展提供场地、资金等方面的支持,引导民间读书组织健康、持续、特色发展;反之,阅读推广人和阅读推广师也要充分借助图书馆的资源、场地、读者源开展各项阅读活动,两者相互配合,共同努力,共同推动阅读事业的发展。

为大力发展民间阅读组织,张家港市图书馆建立了阅读推广志愿服务中心,成为民间阅读组织开展活动的基地。同时,民间阅读组织充分把握图书馆这个平

张家港市阅读推广人资格认证培训班

台,利用它的资源、场地和读者优势,开展各项阅读活动。在阅读组织开展的各项阅读活动中,少儿阅读是重要的一部分。一切从娃娃抓起,从孩提时代就种下阅读的种子,让孩子养成阅读的习惯,这不仅关乎他们的一生,也关乎我们的城市、民族、国家的未来。作为图书馆的潜在读者群,他们也成为图书馆阅读推广的重要群体。基于对少儿阅读重要性的认识及图书馆肩负的责任,张家港市设立了阅读推广人与民间阅读组织制度推动阅读的发展,少儿图书馆与阅读推广人及民间阅读组织之间建立了紧密联系,以诵读经典、阅读分享为主,开展各种主题阅读活动,如彩虹姐姐故事会、张图妈妈故事会等系列活动。在图书馆、阅读推广人、民间阅读组织的多方努力下,张家港市的少儿阅读逐步走向常态化。

表 7-1 张家港市民间阅读推广组织表

序号	阅读组织名称	成立年份	阅读组织现有人数
1	南沙中学香山文学社	1978	1111
2	庆丰社区老年读报小组	1997	50
3	樟花小院读书会	1998	38
4	刘村夕阳红老年阅读小组	2006	6
5	花园浜社区小木屋长者读书会	2010	15
6	简艺书院	2010	20
7	金贝阅读吧	2010	1741
8	"开心果"亲子阅读组织	2010	30
9	锦绣社区锦绣育心读书会	2011	18
10	安庆读书沙龙	2012	63
11	东港村农家书屋	2012	12
12	气象读书沙龙	2013	15
13	"书香妇幼"阅读圈	2013	100
14	小城市社区读书会	2013	20
15	红蜻蜓阅读坊	2013	18
16	快乐小书房亲子阅读	2013	20
17	经开区（杨舍镇）晨阳社区幸福网格书友会	2013	13
18	德丰社区悦读指导队	2013	15
19	香山社区文学社	2013	5
20	中兴社区书友会	2013	7
21	"书香学前"读书会	2013	10
22	滩上村阅读吧	2013	10
23	福民村悦谊书友会	2013	40
24	红帆知星读书会	2013	12
25	"丰阅"书房	2013	25
26	东联村读书沙龙	2013	6
27	财政"悦"读分享会	2014	40
28	书香阅读伴我成长	2014	1135

续表

序号	阅读组织名称	成立年份	阅读组织现有人数
29	交通运输管理处读书会	2014	25
30	香山医院书香汇读书小组	2014	15
31	张家港市绚彩童年家庭阅读服务站	2014	8
32	书香阅读伴我成长	2014	1135
33	书香伴成长	2014	42
34	东渡亲子俱乐部	2014	12
35	幸福胡同读书会	2014	12
36	馨园读书会	2014	8
37	双杏书院	2014	200
38	蓝盾青卫学习社	2015	20
39	匠心读韵职工读书会	2015	68
40	"书香市监"阅读社	2015	98
41	育林小书虫读书俱乐部	2015	10
42	七里庙老年"月阅悦"读书读报小组	2015	20
43	江之帆悦读会	2015	30
44	南沙社区"童悦读"书香会	2015	30
45	小荷书苑	2015	12
46	中苑社区亲子阅读	2015	5
47	聆听书声读书会	2015	5
48	德享夕阳老年读书会	2015	20
49	小蚂蚁阅读角	2015	52
50	金点点书友会	2015	1498
51	兴连心读书社	2015	15
52	福海书画阅读团队	2015	5
53	"阅之悦"亲子阅读会	2015	16
54	雏鹰展翅阅读小组	2015	8
55	书香汽运·助力发展	2016	10
56	市水政监察大队阅读先锋组织	2016	11

续表

序号	阅读组织名称	成立年份	阅读组织现有人数
57	逸品书院读书会	2016	6
58	幸福百家桥读书会	2016	6
59	悦读小站读书会	2016	10
60	福前悦读汇	2016	15
61	"幸福南新　快乐阅读"青少年读书会	2016	25
62	书式生活读书会	2016	15
63	朝夕阅读　不负韶华	2016	5
64	封庄村（金丰社区）阅读推广队	2016	26
65	小小朗读者读书会	2016	28
66	青少年阅读沙龙	2016	42
67	小石头读书会	2016	70
68	微波党漾读书社	2016	24
69	悦阅读书会	2016	16
70	书香阅读读书社	2016	10
71	初心阅读会	2016	8
72	牛桥村牵牛花读书会	2016	10
73	书笺小驿	2016	30
74	横泾银龄阅读会	2016	10
75	贤齐志愿服务团队	2016	50
76	爱心暖"杨"阅读会	2016	79
77	"书香魏庄　筑梦家园"	2016	16
78	凤凰开卷	2016	20
79	海豚妈妈讲故事	2016	80
80	南丰小学青年读书营	2016	54
81	和美建农丰收读书会	2016	26
82	新芽中山文学社	2016	10
83	青春"阅"检测	2017	10
84	仁医书社	2017	50
85	景溪社区桐妈约读小书房	2017	15

民间阅读推动张家港市少儿阅读服务蓬勃开展

续表

序号	阅读组织名称	成立年份	阅读组织现有人数
86	陈东庄社区陈东庄慧心阅读会	2017	20
87	南瓜点灯读书俱乐部	2017	22
88	李巷村邻里读书会	2017	30
89	乘航社区文化志愿者团队	2017	8
90	红泗方书香会	2017	10
91	七色花故事团	2017	5
92	高桥村农家书屋	2017	10
93	新塍村阅读组织	2017	35
94	塍丰人家阅读俱乐部	2017	10
95	三友悦读会	2017	20
96	益启读书会山北分会	2017	120
97	德积小学·乐享阅读	2017	50
98	知雅读书吧	2017	8
99	新港村阅读会	2017	10
100	星火之家阅读会	2017	14
101	蒋家村润春读书会	2017	8
102	仁医书社	2017	50
103	乐余村心悦读团队	2017	34
104	乐享书海读书会	2017	10
105	庆丰悦享读书会	2017	12
106	乐余福海书画艺术苑	2017	22
107	常丰书画沙龙	2017	5
108	星阅读书会	2017	13
109	江畔幸福阅读会	2017	6
110	"书香程读汇"	2017	12
111	西参村悦享读书会	2017	10
112	永丰村徐阿姨故事会	2017	6
113	新丰社区"心悦书屋"阅读组织	2017	120
114	小候鸟读书会	2017	25

续表

序号	阅读组织名称	成立年份	阅读组织现有人数
115	繁星读书会	2017	20
116	新东社区公益书吧	2017	20
117	十二书声青年读书会	2018	15
118	战训大队青年学习社	2018	300
119	大新派出所"警色青春"	2018	38
120	城南派出所乐享学习社	2018	34
121	交警杨舍中队警行学习社	2018	50
122	港区派出所青警学习营	2018	10
123	城中派出所青年学习社	2018	25
124	书韵杏林	2018	80
125	商务青年学习社	2018	16
126	阅友书屋阅读组织	2018	15
127	"景阅"读书会	2018	18
128	城北社区三味书屋暖心相伴读报队	2018	20
129	"书香致远"读书会	2018	16
130	"书香农义"阅读小组	2018	5
131	"我阅读我快乐"居民读书会	2018	10
132	"阅绘本伴成长"读书会	2018	20
133	品味书香东莱村读书会	2018	12
134	西闸村阅享会	2018	28
135	晨新村快乐朝阳读书会	2018	15
136	中南社区快乐阅读小组	2018	5
137	新套村妇女阅读小组	2018	20
138	占文墨香文学社	2018	26
139	太阳花读书团	2018	5
140	阅见长山	2018	5
141	悦读悦美读书会	2018	15
142	小书迷俱乐部	2018	9
143	"书香朝南"读书会	2018	5

民间阅读推动张家港市少儿阅读服务蓬勃开展

续表

序号	阅读组织名称	成立年份	阅读组织现有人数
144	梵心读书公益组织	2018	8
145	学田村民间阅读组织	2018	50
146	安定悦读亲子志愿服务队	2018	5
147	先锋朗读组	2018	165
148	人文永兴阅读队	2018	15
149	爱悦读	2018	4
150	港区初中阅来悦好读书社	2018	50
151	国学书院阅读推广组织	2018	18
152	夕阳红读书会	2018	11
153	清玥书友会	2018	12
154	巨能量阅读组织	2018	8
155	海狮悦读e站	2018	200
156	花朵朵读书吧	2018	167
157	乐江睦邻阅读团队	2018	12
158	寓教于乐"书"式生活	2018	20
159	悦享东兴	2018	7
160	悦享读书会	2018	12
161	全民阅读	2018	10
162	阳关齐心全民阅读	2018	100
163	幸福庙港读书会	2018	35
164	爱之源读书会	2018	22
165	乐龄悦读会	2018	22
166	爱润童心悦读会	2018	23
167	凤凰花苑读书会	2018	15
168	联心逐梦读书会	2018	10
169	"文海寻知"志愿读报队	2018	48
170	朝丰读书会	2018	20
171	新南悦书吧	2018	15
172	大新村红色印记读书会	2018	30

续表

序号	阅读组织名称	成立年份	阅读组织现有人数
173	学海读书会	2018	20
174	墨香书社	2018	25
175	银百和阅读会	2018	30
176	心之桥阅读服务队	2018	25
177	青年学习社	2018	56
178	张家港市政务服务中心先锋读书会	2019	100
179	张家港市公安局青警学习社	2019	400
180	"书香疾控"悦读会	2019	40
181	澳洋医院三兴分院阅读会	2019	10
182	苏州市公共资源交易中心张家港分中心读书会	2019	27
183	躬行学习社	2019	80
184	锦程社区小星星悦读会	2019	32
185	花园浜社区阅享时光阅读组织	2019	20
186	旺西社区蒲公英阅读俱乐部	2019	8
187	书香白鹿读书会	2019	14
188	"书香暨阳湖，读书伴一生"读书会	2019	16
189	"书香邻湖"读书会	2019	7
190	书海拾贝读书会	2019	15
191	"书香暨阳"读书会	2019	19
192	"小候鸟，书香汇"阅读组织	2019	20
193	仓基社区檀雅书香会	2019	8
194	斜桥村悦读阅美读书会	2019	6
195	横河社区横河先锋阅读会	2019	8
196	棋杆社区琅琅阅读会	2019	26
197	向日葵同心向上读书会	2019	10
198	银龄书香老年阅读组织	2019	15
199	温馨时光青少年阅读组织	2019	30
200	芦庄社区"书香润心"读书会	2019	18
201	"庆"墨轩	2019	5

续表

序号	阅读组织名称	成立年份	阅读组织现有人数
202	"最美夕阳"阅读组	2019	5
203	小小书虫读书会	2019	6
204	东莱社区"益"起"莱"读书会	2019	20
205	"福满书缘 阅读 无限"	2019	5
206	"书巷致远"悦读会	2019	6
207	晨南村向日葵悦读会	2019	12
208	东山村阅读领航小组	2019	6
209	晨阳村老年读报会	2019	10
210	晨阳村儿童阅读	2019	10
211	睦德社区亲子阅读	2019	10
212	朱家宕村青阅读先锋队	2019	22
213	廊桥社区精读一本好书读书会	2019	15
214	长江悦读读书会	2019	28
215	中港民间阅读组织	2019	6
216	"小豆豆"阅读志愿团队	2019	41
217	后塍学校青年学习社	2019	15
218	护中读书会	2019	3
219	阅读角	2019	1
220	新书好书推荐	2019	1
221	先锋阅读社	2019	10
222	红苗阅读组织	2019	10
223	乐在夕"杨"阅读会	2019	15
224	"阅"享鼎盛读书会	2019	17
225	阳光精灵读书会	2019	10
226	滨江社区幸福邻里阅读社	2019	20
227	建设村书香阅读会	2019	15
228	阅润心灵读书社	2019	10
229	交通夕阳红阅读会	2019	10

续表

序号	阅读组织名称	成立年份	阅读组织现有人数
230	青春联心阅读会	2019	22
231	青苗读书会	2019	15
232	红棉阅读社	2019	24
233	童声"镇镇"阅读会	2019	11
234	东渡群芳悦享美丽女性阅读	2019	10
235	周巷村"书巷墨香"阅读组织	2019	10
236	镇中悦读悦美红色读书会	2019	10
237	韩山涵养读书会	2019	8
238	小荷书院	2019	8
239	刘村"多一点"青年党员读书会	2019	8
240	书香伴成长阅读会	2019	12
241	和美欧桥亲子阅读会	2019	15
242	金村村慈乌书院	2019	10
243	乐嘻阅读会	2019	10
244	向阳花开读书会	2019	15
245	阅润民心　书香东林	2019	20
246	"亲近国学　传承古韵"读书会	2019	33
247	双龙村青年学习社	2019	11
248	向阳读书会	2019	25
249	登丰读书会	2019	40
250	民乐拾光读书会	2019	25
251	瑞丰书舍	2019	8
252	雅韵龙潭读书会	2019	12
253	桥头文学社	2019	10
254	晨曦文学社	2019	12
255	春泥文学社	2019	15
256	初心读书会	2019	50
257	耕读田园悦读汇	2019	35

续表

序号	阅读组织名称	成立年份	阅读组织现有人数
258	书香常北阅读队	2019	15
259	农机匠阅读服务队	2019	20
260	悦读·阅美	2019	350
261	张家港市人民检察院知行读书会	2020	30
262	绘说	2020	54
263	兰台书苑	2020	26
264	老兵阅读汇	2020	27
265	为爱守护——亲子阅读陪伴	2020	60
266	乐读俱乐部	2020	25
267	热血燃梦青年学习社	2020	21
268	张家港市第二人民医院阅读会	2020	20
269	长防处月读书会	2020	30
270	城东社区初心书屋阅读组织	2020	6
271	前溪社区书海拾贝阅读小分队	2020	8
272	勤丰社区安妮花阅读馆	2020	40
273	老宅社区日积阅累阅读小组	2020	5
274	南杨社区小南瓜阅读组织	2020	9
275	六个帐篷读书会	2020	20
276	"七彩生活 书香南苑"读书会	2020	50
277	悦盛社区蒲公英阅读坊	2020	10
278	幸福园阅读组织	2020	16
279	范庄社区爱立方阅读会	2020	12
280	"书香河北"阅读会	2020	10
281	民和年丰读书会	2020	5
282	阅享书屋	2020	10
283	金香·朗读者	2020	139
284	沙上阅读小组	2020	7
285	德享童年幼儿读书会	2020	30

续表

序号	阅读组织名称	成立年份	阅读组织现有人数
286	一介书生阅读会	2020	150
287	先锋抗疫营读书会	2020	63
288	花园晨曦读书会	2020	10
289	青年教师社团	2020	14
290	小班年级组读书会	2020	18
291	中班年级组读书会	2020	16
292	大班年级组读书会	2020	16
293	南幼书香	2020	13
294	依香南韵读书会	2020	63
295	崇真小学青年教师成长"三格工程"成长营阅读	2020	52
296	奵书共读	2020	3
297	名著之朗读者	2020	2
298	一书一页总关情	2020	3
299	经典诵读会	2020	1
300	初心朗读团	2020	6
301	福娃诗社	2020	12
302	爱老阅读会	2020	10
303	半亩田园学堂	2020	10
304	青彩·学习社	2020	12
305	"高铁共筑梦 书香润新城"全民阅读读书会	2020	6
306	"馨墨书香"全民阅读会	2020	8
307	五季悦读沙龙	2020	15
308	悦分享读书吧	2020	10
309	"书香登全"读书会	2020	60
310	双桥读书沙龙	2020	15
311	一起读书会	2020	20
312	"书香"点亮夕阳红,"悦读"助力稻麦香	2020	25
313	享书吧	2020	70

续表

序号	阅读组织名称	成立年份	阅读组织现有人数
314	金谷悦读沙龙	2020	21
315	阅享轻读书会	2020	8
316	阅享时光亲子阅读	2020	5
317	"书香高庄"	2020	52
318	幼儿丰雅阅读节活动	2020	15
319	滴石文学读书会	2020	45
320	阅享南丰读书会	2020	12
321	海坝村农家书屋	2020	10
322	润德书阁	2020	11
323	故事妈妈义工团	2020	15
324	有爱读书会	2020	21
325	包基读书会	2021	15
326	城南社区乐享阅读读书会	2021	40

二、张家港市优秀民间阅读推广组织、优秀阅读推广人、优秀阅读推广项目

（一）张家港市优秀民间阅读推广组织

1. 张家港市诗词学会（今虞诗社）

张家港市有着深厚的诗词文化底蕴。清初，从鹿苑钱家走出的文学大家钱谦益创立了虞山诗派。在"东南第一诗派"起源地成长起来的今虞诗社，初创于2013年9月1日，为张家港诗词爱好者的民间团体，寓意承泽诗词沃土、赓续虞山文脉，塑树今日新风。2014年3月23日，在今虞诗社的基础上，正式成立了张家港市诗词学会，标志着诗社的发展由松散走向了规范，开创了张家港市诗词文化建设的新局面。学会成立后，着眼于诗、词、联、赋、曲、谜、文的创作、吟唱、赏析和推广，先后组织开展了"梦回唐宋"诗词普及讲座、中小学诗词吟诵传承推广课、诗词爱好者采风吟唱会等品牌活动，成为港城文坛的一股有生力量。学会推出会刊《今虞雅集》，汇集学会成员的优秀诗词佳作，集中反映了目前港城古诗词创作的最高水平，得到了国内诗词界的一致好评。

2. 海狮阅读 · 花朵朵读书吧

读书吧成立于2018年1月，由乐余中心小学宋卫群发起，从最初的十几人到现在的百余人，规模逐渐扩大，成员以教师为主，涉及语文、数学、英语、音乐、美术、综合实践、科学等多个学科，来自全市10个学校，年龄最大的57岁，最小的24岁，也有部分其他行业人员。每天早晨，由发起人发布共读内容，成员们读完打卡，分享自己的阅读感受，每周读完一本书，汇总成一篇美文，分发在QQ空间、微信朋友圈共享，至今已阅读分享了92本书。读书吧里的志愿者同时也是推广者，从自己读到带着班级里的学生和家长一起读，并把阅读和日记长跑有机结合，涌现了"朵朵""小荷""彩贝"等书香班，以点带面形成常态，多次向全市展示分享。依托乐余镇海狮阅读e站栏目，志愿者们参与经典领读，组织学生经典诵读，在更大范围传播阅读之声。海狮阅读 · 花朵朵读书吧，

在明媚的春光中扬帆起航,遨游于浩瀚书海。我们坚信,打开一本本书,将心沉潜进去,读书的喜悦,自将踏浪而来。

3. 七色花故事团

为倾力打造优质的全民阅读生态环境,进一步浓厚辖区内的全民阅读氛围,2016年4月,张家港保税区(金港镇)金润社区成立了七色花故事团,目前共有15名成员。几年来,该阅读组织坚守初心,面向辖区内的幼童及其家长,在相对固定的活动场所内,平均每月开展一场不同主题的七色花故事会活动,坚持向居民推广健康、科学、文明的阅读方式。一直以来,在七色花故事团内每位会员的共同努力、社区对活动的有效宣传引导及社区领导的大力支持下,"七色花"故事会已深入民心,也深受居民朋友们的喜爱。自2019年起,七色花故事团推陈出新,以传统文化中的二十四节气为主线,按照时节的推进精心打造每一场故事会的主题和内容,这也颇受家长和孩子们的青睐。

4. 东渡亲子俱乐部

东渡亲子俱乐部是在塘桥镇的支持下成立的民间公益阅读组织,正式注册时间为2014年8月,已经持续多年开展活动了。其活动场所在塘桥镇鹿苑周边地区,包括花园村、滩里村和鹿苑居委会。该俱乐部读书会每月不定期开展3—12次活动,全年活动超过100次。活动都以亲子活动为主,目前有50个左右的家庭,分别来自本塘桥、花园、滩里、鹿苑等地,还有很大部分来自新市民家庭。东渡亲子俱乐部通过各种活动,传播先进的家教理念,倡导家长从自身做起,做书香父母,为孩子树立榜样,带领孩子共同学习、游戏,让孩子身心快乐健康成长,为家长指点家庭教育的迷津,并为孩子搭建展示才华的机会,让孩子更加自信勇敢。

5. 锦绣育心读书会

传承中华优秀传统文化,培育美好心灵,这是锦绣育心读书会的理念。锦绣育心读书会于 2011 年 9 月成立，是一个民间公益性阅读组织，每周日上午组织以国学经典诵读为主的亲子活动，共有 20 多个家庭参与。目前，孩子们已能熟练诵读《易经》《大学》《论语》等 17 种经典书目，传统文化的种子已经播种进了孩子们的心灵，并逐渐生根、发芽、结果。读书会的出现和蓬勃发展，吸引了一大批青少年和家长加入了读书行列，掀起了社区乃至更大范围的读书热，为全民阅读注入了新鲜血液和无限活力，为港城建设书香城市做出了自己的努力和贡献。

6. 乐怡阅读推广志愿服务队

乐怡阅读推广志愿服务队以乐余高中教师为主体，按照成员的专业来分，几乎涵盖了所有的中小学学科；按照成员的特长、技能来看，有省级作家、社工师、心理咨询师、网络工程师、家庭教育指导师、社会体育指导员等。其中，"小作家苗圃"学生作文公开课堂始于 2013 年，至今常年坚持举办活动。从在农家书屋指导少儿阅读、关爱"流动的花朵"开始，再根据家长、学生的要求，拓展到辅导小学生做读书笔记，撰写读书心得、随笔，最后引入果园、苗圃、车间、博物馆、纪念馆等实景体验。志愿服务队还借助百姓大讲堂志愿者服务项目平台，聘请专家对乐余居民进行阅读辅导，通过专家分享读书、用书、写书的故事，激发居民的阅读兴趣和阅读习惯。书香故事汇阅读分享项目，旨在通过亲子阅读，将绘本、课文、名著的情节改编成故事，讲给家人、朋友听，从而培养家庭阅读的习惯。"百姓书会"农民读书沙龙，在寻常百姓家播撒读书的种子。其通过项目的引领形成读书的氛围，在中坚力量的带动下，推动一部分可能被困难影响的人接触阅读。"耕读传家"乐余镇书香家庭推广计划从 2018 年初开始执行，以红闸村、闸西村两个自然村的学龄儿童家庭为服务对象，通过子女带动父母一起参与阅读；以立春、惊蛰、清明、立夏、芒种等传统节日为主线，结合我国古典诗词中的相关作品，开展形式多样的诗词诵读。

7. 三味书屋——书香润童年

集"趣味""知味""品味"于一体的张家港市实验小学书吧——三味书屋，经过全新改造于 2012 年年底已交付使用。书屋陈设以古代中国元素为主调，配置了现代化的视听设备。席地而置的蒲团坐垫、别具一格的仿红木书架、镌有鲁迅等文豪图像的书屋墙壁、古色古香的桌椅等无不散发着深厚的中国文化韵味，给孩子们营造了畅游中国文化的学习氛围。师生们按阅读安排表有秩序地分时间段进入三味书屋进行品读、借阅，而"诚信购书"是书屋中最令人向往的一处春景。诚信是美丽的，因为它给世界带来了温暖的阳光；诚信是微小的，它只须占据心灵中一个很小的角落，就温暖了我们整个人生。师生在这里自由买书，自主投币，实行购书全开放。从诚信买书开始，做美丽师生。

8. 徐玲公益书屋

2013 年，张家港市保税区（金港镇）依托本土儿童文学作家徐玲的品牌资源在白云学校、德积小学等 5 所学校启动了徐玲公益书屋建设。在徐玲的带动和引领下，近 20 名有志推广青少年阅读的志愿者加入了徐玲公益书屋文化义工团队，担任客座老师，为广大未成年人提供阅读服务。徐玲公益书屋包含了图书漂流、趣味讲座、阅读交流、主题征文、徐玲晚吧、徐玲姐姐谈心室六大功能，以鲜明的主题、生动的形式、丰富的内容吸引了众多未成年人加入快乐阅读的行列中来。徐玲公益书屋自建设以来，累计超过万余人次受益，良好的社会反响和品牌效应也吸引了众多媒体的关注，新华社、江苏卫视等都曾进行专题报道。徐玲公益书屋正逐渐成长为一个在省内得到公认、在全国产生影响力的文化品牌。

9. 万红幼儿园幸福种子阅读团队

万红幼儿园幸福种子阅读团队建立于 2003 年 8 月，队友以"幸福种子"的名义抱在一起，目标相同，行动一致。组织举办了幸福家长阅读指导团、阳光阅读义务支教、红蜻蜓阅读驿站、假期故事课堂等阅读活动。学校先后获得"全国书香校园"、2018 年度张家港市中小学幼儿园优秀项目组、2019 年张家港市书香校园等荣誉。2020 年幸福种子课程改革团队获评最美教师团队。组织的阅读活动获媒体宣传报道近 1000 次。团长孙瑛同志获得"苏州市优秀阅读推广人""张家港市首届杏坛公仆"等荣誉称号。

10. 益空间伙伴志愿服务团

为深入推进张家港市全民阅读工作，进一步助推书香城市建设，近几年来，张家港市根据全市"文明实践·益空间"总体建设运行规划，围绕"城市客厅"形态塑造、公共文化培育孵化、市民生活便利服务、文明实践体系构建等内容，建设、改造、升级了一批颜值与内涵兼备、各具文化特色的美好生活空间集群，不仅实现了书香全覆盖，还切实打通了公共文化服务的"最后一公里"。截至目前，全市有全民阅读主题益空间 5 家；有益空间伙伴志愿服务团 5 个，有专职管理员 8 名，有志愿者 207 名，累计开展志愿服务时长 4352 小时；有领读者 10 人，有草木滋味、今虞诗社等多个民间阅读推广组织；仅 2021 年度，就开展各类全民阅读活动 531 场次，其中文化志愿服务活动 237 场次，服务惠及全市读者 10 万余人次。先后入选江苏省文化和旅游厅 2021 年度"最美公共文化空间"打造对象、苏州市"最江南·公共文化特色空间"打造对象、"港城20大生活美学场景"等，并获评第四届江苏全民阅读"五十佳"阅读志愿组织。

11. 海狮悦读 e 站

阅读润德，书香致远。2018 年 4 月，乐余镇针对碎片化时代阅读的特点，创新阅读形式，丰富阅读内容，将阅读活动和志愿服务相结合，成立海狮悦读 e 站阅读推广组织，广泛吸纳本土作家、机关干部、社区工作者、阅读爱好者加入其中，通过开展系列线上、线下活动，引领更多的人参与阅读，喜爱阅读，营造了全民乐读的浓厚氛围。自成立以来，海狮悦读 e 站以"互联网＋阅读"的创新模式，构筑起全方位、全媒体的阅读格局，成功开启阅读云时代，通过"每月一主题，每周一本书，每日 e 领读"的形式，在微信公众号开设悦读 e 站栏目，下设海狮领读、经典诵读、线下读书会三个子栏目。在海狮阅读 e 站发展的过程中涌现了陈兰、宋卫群、陈建红、孙雁群等为代表的优秀阅读推广人，她们以

"善读书、读好书"的理念致力海狮悦读 e 站的推广服务，广泛组织开展主题品牌阅读、读书交流、阅读讲座等各类阅读活动。先后荣获第十三届苏州阅读节优秀活动奖、苏州市优秀阅读推广组织、张家港市优秀文化志愿服务示范项目银奖等。2020 年 4 月，"学习强国"平台以《张家港乐余镇："海狮悦读 e 站"引领阅读新风尚》为题对活动的创新做法予以报道。

12. 南丰镇丰阅书房

南丰镇丰阅书房成立于 2013 年 5 月，现有成员 20 余人，主要来自南丰镇各村（社区）、企事业单位，有机关干部、企业员工、学校教师、新市民代表等。自成立以来，丰阅书房积极开展以"四季阅读"为主题的四季品牌阅读活动，即"春日暖约""夏日童话""秋日诗韵""冬日寄语"，积极向全体读者展示阅读的温度、深度和广度。同时，还推出了有声明信片、"你点我买"、名人墙等特色阵地，只要用手机微信扫一扫就可在线听书、看视频。此外，书房还和张家港市作家协会合作，建立了作家创作基地，将阅读深入老百姓的心中。特别是精心打造了"稚趣·童声"线上绘本故事会、"爱要大声说出来"线上亲子云阅读等活动，让孩子们以声音为砖，以文字为胶，在阅读中找寻温暖和阳光。南丰镇丰阅书房所推出的项目"阅读马拉松"，曾荣获第十三届苏州全民阅读节优秀活动奖；项目"寻找身边最美阅读好声音"曾获评 2019 年度张家港全民阅读优秀阅读项目。

（二）张家港市优秀阅读推广人

宋卫群 优秀阅读推广人

致力乡村阅读推广的点灯人

她，不仅是守望乡村 30 余载的小学语文老师，也是苏州市名教师、劳动模范、江苏省先进工作者、师德先进个人，更是致力乡村阅读推广的点灯人。她在平凡的岗位上，潜心阅读，以自己的光亮点燃他人。她就是张家港市乐余中心小学原书记、校长，苏州市优秀阅读推广人宋卫群。

宋卫群在教学

在张家港市小学语文界，说到"朵朵班""水仙班"，大家都会想到宋卫群。她带着这两个班推广阅读和日记长跑，在市内外产生了不小影响。

刚接手"朵朵班"时，孩子们行为习惯不好。她通过家校合作，引导家长认识到阅读的重要性，主动配合，真心支持。习惯培养是个大工程，通过早到校阅读、讲故事奖励，让孩子们逐步养成了习惯。同时跟进班级"山上书"计划，从二年级到六年级，孩子们的日记定格了童年，她每天用心批阅，发布至 QQ 空间，在墙面上展示，组织分享，编印"日记土书"，还为每个学生汇总了一部特别的阅读成长史。

民间阅读推动张家港市少儿阅读服务蓬勃开展

每学期开学第一课，宋卫群都会在校内展示，用阅读微课程唤醒更多老师成为同行。学校涌现出"彩贝班""星星班""小荷班"等读写实践班。每年学校都会举行形式多样的读书节系列活动，参加市镇全民阅读等相关活动，学生的阅读兴趣日益高涨。

宋卫群创建了花朵朵读书吧，邀约老师们共读好书。以每周一本、每天打卡感悟、每本美篇展示的方式，自2018年至今，她已共读200多本中外名著，并以线上+线下的形式，交流分享。目前，阅读队伍不断壮大。

为了让更多人热爱阅读、成为阅读的受益者和推广人，宋卫群积极创造条件，利用校内外资源，让阅读带动文明。一是向家长推荐好书，接力阅读；二是领读名著，传播经典，通过师生有声朗读，利用微信公众号推广，带动全民阅读；三是走向各级讲台，辐射示范。作为张家港市宋卫群乡村教师培育站主持人，她以读写微课题研究为载体，带领一群追梦人遇见更好的自己。

宋卫群就这样一步一个脚印，在安静中享受着阅读的魅力，也收获着阅读的快乐。所在学校被评为全国新教育实验学校、江苏省经典诵读基地学校、苏州市书香校园等；所带班级被评为苏州市书香之班；还获得了张家港市全民阅读优秀阅读项目、张家港市书香之家等荣誉。

"有空就读读。""读书遇见更好的自己。""每个人都是一盏灯，若亮些，就能照亮更多人。"她常说的话，普普通通，却实实在在。她默默耕耘，无问西东，坚守着心灵家园，幸福地行走在钟爱的乡村教育之路上……

李振华　　　　　　　　　　　　　　　　　　优秀阅读推广人

人老心不老，阅读做贡献

他叫李振华，今年已经74岁了，是一名光荣的退休老师。退休之前，他是一名语文老师，十分擅长语言文字，特别是古典诗词阅读。退休以后，李老师以饱满的热情投身到古典诗词的阅读推广中。他相信，中华优秀传统文化的美，需要一份最美的热情和一份最真的力量。

李振华在塘桥镇周巷村农家书屋普及中华诗词

中华诗词，是中华优秀传统文化的重要组成部分。为弘扬、传承中华优秀传统文化，提高初高中学生对古典诗歌的鉴赏、阅读和写作水平，自2013年起，李老师先后在江苏省梁丰高级中学、张家港市第三职业高级中学、张家港市鹿苑初级中学、张家港市第七中学等学校开展"中华诗词进校园"学生诗词讲座，并组建古典诗词兴趣小组，鼓励同学们写诗要多观察、多思考、多练习。

在张家港市书香银行，李老师连开8期"东南文宗钱谦益"专题讲座，并联合高新区（塘桥镇）文协和镇党史地方志办共同推广钱谦益、钱陆灿和钱昌照诗作，多次带领诗词爱好者参观钱昌照故居、鹿苑名人馆和钱谦益祖籍地奚浦。

在张家港市巨星公司组织的影迷观影活动中，李老师向影迷们解读了《叶嘉莹传》，让参与者切身感受叶嘉莹先生对中华古典诗词的深厚感情。

2018年5月，李老师以坚定文化自信、传承和发展中华优秀传统文化为己任，注册成立苏州明社文化发展有限公司，以发展会员的形式，培养了一批爱好古典诗词的新人。2022年7月31日，在李老师的发起之下，成立了张家港市东渡诗社。目前，有诗友50余人。

自张家港市东渡诗社成立以来，组织开展了创作采风、创作研讨、创作培训、诗词传播、文学交流等各类文学活动，共同推进诗词文化传承和发展。

为了更好地通过阅读推广这一形式来传承弘扬中华古典诗词文化，李老师积极邀请莫砺锋、于文正、熊盛元、王蛰堪等一批国内诗词界的大咖来张家港做讲座，并与南京金陵诗社、扬州平山诗社、镇江多景诗社开展互访研讨。

李老师既是诗词学会发起者，也是阅读推广人，更是一名诗人。已发表诗作300余篇，作品曾多次在全国诗词大赛中获奖。2013年，李老师出版《青萼集》一书，积极探究中华古典诗词的创作与传承。

人老心不老，阅读做贡献。他希望，通过他的努力，能把张家港的诗词文化进行推动和带动，更好地丰富一个城市的内生力量。他本人也曾先后荣获苏州市优秀阅读推广人、张家港市优秀文化志愿者，张家港市教育工会退休协会读书积极分子等荣誉。

陈建红

优秀阅读推广人

书里书外，播撒阅读的种子

陈建红是张家港市兆丰学校的一名普通老师。同时，作为一名阅读推广人，她是书里书外读书会的负责人。2019年1月，书里书外读书会在乐余文化中心拉开了序幕，也迈开了她参与全民阅读推广的步伐。

陈建红在张家港市图书馆乐余分馆为学生做阅读分享

为了让全市广大青少年了解苏州古桥的历史，学会阅读建筑类书籍，2019年7月，陈建红推出"苏州的桥——历史与文化的交响"专题阅读课，和大家分享了53孔宝带桥的美丽传说及其历经的岁月风霜。自2023年8月起，在张家港市图书馆城南分馆推出了"桥"见你的精彩公益阅读项目，每月介绍一座古桥，向全市广大青少年讲述鹿苑方桥、弘济桥、泗港太平桥、杨舍镇青龙桥等古桥的过去和现在，让他们对古桥浓缩的历史与文化又多一分了解。

榜样的力量是无穷的。在陈建红的感染下，很多孩子都慢慢喜欢上了阅读，喜欢上了写作，先后有各类文章发表于《张家港日报》等报刊，如读后感《美，在苦难中绽放》《成功在于付出和坚持》，童话《猫先生和鼠小弟》《两只小狗照镜子》，诗歌《假如我是一本书》《我的名字》，观后感《走进唐诗走进美》《品味宋词之美》，等等。

作为一名阅读推广人，陈建红总是致力把读书之乐带给更多的人群。多次参加"张家港市诗词品鉴大会""诗班伴成长、经典润童心""好书推荐""读出诗意和禅意"等互动交流活动。她曾获得张家港市优秀文化志愿者、张家港市"十佳百姓学习之星"、张家港市全民阅读"优秀阅读推广人"等荣誉称号。"读书能遇见最好的自己"，陈建红坚信，阅读之于成长的意义会日益显现。

孙雁群　　　　　　　　　　　　　　　　　　　　　优秀阅读推广人
让乡风更文明

在乐余镇，孙雁群是一张带着书香的名片，她的名字总是和读书联系在一起，她总是以自己浓浓的书卷气息，为乐余镇历届"阅读让乡风更文明"活动增光添彩。孙雁群老师在阅读推广过程中倾注心血，将自己几十年的阅读经验和伙伴分享，不仅让伙伴们体会阅读的乐趣，还帮他们提高阅读的效率。

孙雁群在学校开展"小作家苗圃"活动

在工作单位乐余高中，形成了以她为核心的数个阅读社团。在社区，她利用社区图书馆这个载体，为民工子弟、社区儿童提供阅读指导、书籍推介、心得分享、作文面批。她参与和主持的"小作家苗圃"少儿课外作文辅导活动，通过推荐书目、指导撰写读书笔记和随笔、培养观察能力、训练写作技巧，不仅提升了少儿们获取新知的能力，而且以少儿阅读带动了家庭和社区的阅读。从2017年开始，她参与乐余镇社区教育中心的"乐学共同体"之"百姓书会"阅读项目的推广活动。2018年，她主持了"百姓书会"阅读项目，之后又在乐江社区、东兴村、红闸村推广诗歌诵读。通过进村服务，在寻常百姓家播撒诗书的种子。此外，她还采取经典诵读、诗词朗诵等方式，带领志愿者在最偏远的村、社传播文化，帮助和指导百姓阅读，参与和受惠群众达300余人。2018年，参与"小作家苗圃""书箱故事汇"等阅读推广项目，是"小作家苗圃"的指导者和"书香故事会"的主讲人。

周锦飞　　　　　　　　　　　　　　　　　　　　优秀阅读推广人

张家港市诗词学会会长
苏州市诗词协会理事
江苏省诗词协会会员

周锦飞于2013年9月1日发起成立今虞诗社，立足张家港本地，迅速建立起了一支高水平的创作队伍。坚持每月一期的社课与讲评，每年组织数次采风活动，跟周边地区的诗词组织保持着良好的互动，在全国各著名诗词论坛、微信公众号上产生了良好的反响。其每年主持编辑一次年度诗集《今虞雅集》，每期均邀请名宿作序，并召开新书发布会暨周边城市诗友大聚会，为高雅文化的推广持续发力发声。其在今虞诗社先后开展了四大公益系列活动，即"梦回唐宋"诗词普及讲座、"诗语少年"诗词进校园、"国风重沐"经典悦读会和"薪火春风"国学进基层活动，并亲自承担了约一半的授课任务，有力地推动了诗教工作在张家港各行各业的开展，为张家港市全民阅读推进工作和书香城市建设工作做出了一定的贡献。

阅读推广人周锦飞

钱志芳

张家港市作家协会会员

阅读推广人钱志芳

钱志芳，张家港市作家协会会员、张家港市家庭教育协会会员、公益组织东渡亲子俱乐部负责人。她做过20多年的幼师，也是一名优秀的作家。对她而言，人生最有意义的事莫过于推广阅读活动。在幼儿园任教时，她为培养孩子的阅读乐趣，坚持每天给孩子讲故事。在家庭教育中，钱志芳陪伴女儿从阅读开始，欣赏、鼓励孩子的点滴进步，让女儿成长为一名优秀的博士生。为给孩子打造一个阅读乐园，2014年8月，钱志芳注册成立了东渡亲子俱乐部读书会，致力阅读推广活动，每月不定期开展3—12次活动。如"本土作家走进社区、校园""'康乃馨'2015塘桥镇阳光妈妈增能公益行""奔跑吧！普坤小主人""智慧在手指尖流淌""情系老年过渡房温暖花园夕阳红""红帆引领　幸福起航——关爱外来姐妹""书香亲子能致远　共同阅读共成长"……至今，东渡亲子俱乐部读书会策划了10个项目、400多场亲子活动。通过一系列丰富多彩的亲子阅读活动，在辖区营造了良好的亲子阅读氛围，她也从中不断学习了新的教育理念。每一次活动，她都会把阅读穿插其中，给孩子讲励志故事、学习成语、朗诵诗歌美文……活动结束后，她引导孩子记录心得体会，提高他们的语言表达和写作能力。

顾丽红

苏州市作家协会会员

阅读推广人顾丽红

顾丽红，张家港凤凰镇人，江苏省作家协会会员。顾丽红喜欢读书，曾被评为江苏省读书明星。书读得多了，总希望把自己内心的所思、所想、所感用自己的笔写出来，与人分享。从20世纪90年代开始，她迷上了写作，至今，已在各级报刊发表散文250余篇。其中的《探亲》《村女》《面对人生路》等荣获全国、华东地区、江苏省报纸副刊好作品三等奖。散文在张家港举办的各种征文活动中获奖几十次。2014年，顾丽红出版了个人散文集《梧桐随风》。全书以一个女性的细腻笔触，描写了家乡的自然生态之美、民俗风情之美、人文历史之美、文明和谐之美，对家乡的真挚爱恋蕴藉在字里行间。近年来，顾丽红作为一名文化志愿者，与张家港市作协的作家一起，走进乡村、走进企业，去抒写港城日新月异的变化，以及发生在身边的令人感动的人和事。同时，她还积极参与苏州市作家协会举办的大学城签名售书义卖活动、暨阳湖签名售书义卖活动，以及凤凰镇举办的"悦读有约，你我相伴"读书交流会、镇文联文学协会成员签名售书等阅读推广活动，通过这些阅读推广活动，与读者一起分享阅读的快乐与成果，让更多的人参与到阅读中来，做思想的舞者，做人生的智者，让自己的心灵在书香中既丰满又澄澈。

钱欣葆

中国作家协会会员
中国科普作家协会会员

钱欣葆在海内外出版了《小山羊和小灰兔》《小熊学捕鱼》《王宫奇案》《魔法神奇果》等90多本书。汉文版图书《奇妙的拐棍》被翻译成朝鲜文，列入"十三五"国家重点出版物出版规划项目出版。

儿童文学作家钱欣葆

钱欣葆的寓言集《活泼可爱的快乐猪》获第17届冰心儿童图书奖，寓言《刺猬认输》获第17届冰心儿童文学新作奖。寓言集《架在嘴上的桥》《神枪手打猎》《豪猪的战术》《魔法神奇果》分别获首届、第3届、第4届、第7届金骆驼奖，寓言集《小熊学捕鱼》获第6届金骆驼奖金奖。寓言《兄弟拉纤》《褐鹈鹕的忠告》分别获第3届、第11届金江寓言文学奖。

钱欣葆的作品入选《中国当代文学作品精选·儿童文学卷》《中国儿童文学大系》《改革开放30年的中国儿童文学》《中国儿童文学百年百篇·寓言卷》《中国古今寓言》《百年百篇中国儿童文学经典文丛》《中国语言生活绿皮书》等。《鸡妈妈的新房子》《小山羊和小灰兔》《小鸵鸟和小山鹰》等作品入选多种教科书，《架桥》《三个梨》分别由香港教育出版社、香港现代教育研究社选入香港版、澳门版教科书。《鸡妈妈的新房子》入选少数民族文字《语文》课本。该文还入选盲文版《语文》课本、《汉语》课本和韩国学生教材。中国台湾地区出版了其11本繁体版《小学生寓言故事》。其在新加坡出版的《狗熊借种子》等4本寓言集,被新加坡教育部列入华文推荐书目。

钱欣葆于2001年获评苏州市文联德艺双馨会员,2005年获首届张家港文学艺术优秀人才奖,2014年在纪念中国寓言文学研究会成立三十周年活动中被授予"中国当代寓言家"称号。

《江苏新文学史·儿童文学编》收录有钱欣葆创作成果介绍。其寓言《鸡妈妈的新房子》入选《江苏新文学史史料选·第二卷(1949—1999)》,寓言《爱下棋的国王》《刺猬认错》入选《江苏新文学史史料选·第三卷(2000—2019)》。

徐玲

中国作家协会会员
鲁迅文学院儿童文学作家高研班学员
江苏省"五个一批"人才
姑苏宣传文化领军人才

儿童文学作家徐玲

徐玲被誉为"亲情小说金牌作家",出版《流动的花朵》《我的狼妈妈》《我和老爸的战争》《长大后我想成为你》等少儿图书50多部。其作品荣获中宣部"五个一工程"奖、中华优秀出版物奖、冰心儿童文学奖、陈伯吹儿童文学奖、桂冠童书奖等众多奖项;入选"十四五"时期国家重点图书出版专项规划、"三个一百"原创出版工程、"大众喜爱的50种图书"。多部亲情小说版权输出海外。

徐玲的作品多次入选中宣部、教育部、中央文明办、共青团中央、国家新闻出版署等单位联合向全国农家书屋和全国青少年推荐书目。

其长期致力阅读推广,关爱儿童发展,在20多个学校和社区设立徐玲公益书屋,系江苏省十佳全民阅读推广使者、"书香中国万里行"优秀阅读推广人。

孙丽萍

中国作家协会会员

张家港市儿童文学作家

儿童文学作家孙丽萍

孙丽萍,儿童文学作家,中国作家协会会员,出版《蝴蝶的雨衣》《住在围巾里的歌》《月亮镇上的棉布店》《我的风朋友》《雨国的秘密》《轻轻的梦》等18部儿童文学作品。她曾获《儿童文学》"温泉杯"全国短篇童话大赛铜奖、首届中国校园文学年度童话奖、第二届谢璞儿童文学奖、第七届金骆驼奖、"小百花"好作品奖、首届澳门国际儿童文学奖最佳中华优秀传统文化题材提名奖,两度荣获冰心儿童文学新作奖。其作品入选国家新闻出版署农家书屋重点出版物推荐目录、教育部全国中小学图书馆推荐书目。

（三）张家港市优秀阅读推广项目

1. 双杏书院

为积极弘扬双杏文化，营造浓厚读书氛围，构建书香大新，2014年，大新镇文体中心联合镇妇联成立了双杏书院。自成立以来，双杏书院根据服务对象和需求的变化不断调整和创新服务内容，组织开展了一系列全民阅读活动。目前，双杏书院有"悦享书香""快乐暑假阅成长""心理健康知识进校园""科技伴我成长"等多个阅读品牌项目，有文化大讲堂、双杏书院进学校、双杏书院进农村（社区）、双杏书院进企业（机关）等四个板块，并充分运用和美大新等微信公众号，发布阅读活动信息，让更多群众知晓双杏书院的阅读活动，带动更多人多读书、读好书、善读书，将浓厚的阅读氛围广泛传播。双杏书院先后得获2019年第十四届苏州阅读节优秀活动奖、2016—2019年度张家港市全民阅读优秀阅读项目等荣誉。

2. 五季果园悦读会

近几年来，张家港市乐余镇永利村以研学、互动、共享为主题，以"四季果蔬园"为背景，组建语文教师、志愿者、阅读推广人"三人行"阅读指导团队，打造了"五季果园悦读会"项目。五季即"四季+享季"，寓意着阅读活动一年四季常态化开展，在交流分享中收获沉浸式深度"悦"读体验。自五季果园悦读会项目推出以来，采用线上、线下共同发力的方式，推动阅读体验立体式全覆盖。线上主要采取阅读接力、打卡互动等形式。通过线上阅读、21天亲子共读网络微信朋友圈打卡的方式，开展"五季悦读·伴你成长"系列阅读活动，让线上阅读成为主旋律。线下主要采取亲子共读、党员领读、阅读分享等方法，以共建"书香家庭"为目标，以家风促乡风，助推乡风文明，已组织开展果园诗歌会、亲子小学堂、健康读报会等主题阅读活动。五季果园悦读会，是永利课堂推出的一个创新项目。项目一经推出，就受到村民的欢迎和好评。五季果园悦读会先后荣获2019年第十四届苏州阅读节优秀活动奖、2016—2019年度张家港市全民阅读优秀阅读项目等荣誉。

3. 周末党史课

为了促进全民阅读和党史学习教育有机融合，推动主题理论阅读深入群众、深入基层、深入人心，张家港市策划推出了"周末党史课"主题系列活动。项目自2021年5月底正式启动，主要分为三大方面。一是以湖畔书房为发起阵地，组织开展周末党史课堂、阅读分享交流、主题文艺演出等公益性党史学教活动，吸引市民群众在读书互动中感悟理论著作和红色故事的力量；二是以"四史宣传直通车"为流动阵地，将周末党史课带到村社区、学校等基层一线，让理论书籍和阅读课堂走到家门口；三是以"四点半课堂""求是读书会"等机关单位阅读品牌为延伸阵地，不断丰富阅读形式、搭建分享平台、建设推广队伍，推动党史学习教育主题读书活动常态化开展。截至目前，周末党史课项目已举办各类主题性全民阅读、党史学习教育、基层读书服务活动90余场次，参与群众近1.5万人次，获央广国际在线、央广网、《扬子晚报》等媒体宣传报道，获评2021年度张家港市全民阅读优秀阅读项目。

4. "共读张家港"五大升级提升行动

为加快构建现代公共阅读服务体系，不断满足人民群众日益增长的文化需求，自2019年4月起，张家港市策划推出了"共读张家港"五大行动品牌阅读项目，通过培育招募领读者、益读伙伴等主体，面向全市各区镇（办事处）、学校、机关、企业、工地，24小时图书馆驿站、益空间、最美悦读空间等各类城乡空间载体，采用部门联动、市镇互动、全民参与的形式，通过举办"爱读书·乡村领读"行动、"乐读书·示范助读"行动、"善读书·先锋悦读"行动、"多读书·空间优读"行动、"读好书·益起品读"行动这五大行动，有针对性地组织开展丰富多彩的分众化阅读活动，将上千项读书活动渗透到社会各阶层，实现书香全覆盖，展现出张家港市创新突破、蓬勃发展、全民阅读、学习奋进的生动局面。仅2023年，全市共组织开展5000余场次的全民阅读活动。"共读张家港"五大行动品牌阅读项目先后荣获苏州市优秀阅读创新项目奖、张家港市全民阅读优秀阅读项目奖。

民间阅读推动张家港市少儿阅读服务蓬勃开展

5. "讲讲沙上故事·传承沙上文化"全民阅读项目

为了进一步传承优秀文化传统，提升广大青少年对沙上文化、沙上方言的学习兴趣，2018年，冶金工业园（锦丰镇）推出了"讲讲沙上故事·传承沙上文化"全民阅读项目。项目下设趣味老沙话、沧海桑田话巨变、学沙上童谣、讲沙上故事等板块，通过生动有趣的活动形式将"沙上文化系列丛书"之《老沙话语会》《沙上故事》《人才辈出沙上人》《沙上风俗》等18种书籍融入其中。同时，广泛发动本镇阅读推广人、社工组织等，采用引导互动的专业手法，有针对性、趣味性、递进性地设计阅读活动环节，有效激发广大青少年及辖区居民的阅读兴趣。项目自开展以来，多次在市、镇两级媒体平台报道，先后荣获苏州市优秀阅读创新项目奖、张家港市全民阅读优秀阅读项目奖。

第八章

张家港市亲子阅读调查报告

早期阅读是儿童阅读兴趣养成的启蒙阶段,公共图书馆在这一领域大有可为。本次研究由张家港市少年儿童图书馆和南京师范大学全民阅读研究中心共同发起,调查样本量大(回收有效问卷13578份),问卷设计合理、全面深入地了解了家长们对亲子阅读的态度认知、行为操作方法、困难痛点,并详细讨论了家长对公共图书馆在亲子阅读中的需求、态度、未来发展的期望等,提供了很多有价值的数据与具体需求,为未来公共图书馆在亲子阅读中的服务坚定了信心,指明了方向。

一、研究缘起及设计思路

（一）研究背景与目的

儿童的阅读能力并不是先天具备的，而是依赖于幼儿时期的早期阅读教育。早期阅读是在儿童还不能独立阅读时所进行的一切与阅读有关的准备活动，其实际范围和具体形式十分宽泛。目前，学术界一般认为，年幼的儿童凭借变化丰富的色彩、生动形象的图像、成年人的口语讲述及相应的语言文字来理解以图画为主的婴幼儿读物的所有活动，都是早期阅读。早期阅读的主要目的是激发孩子的阅读兴趣和学习动机，提高儿童的语言理解能力和口语表达能力，发展其阅读的预备技巧，并在阅读中学习汉字、积累词汇，为阅读习惯的养成奠定基础。

自进入 21 世纪以来，我国便对儿童早期阅读给予了高度重视，2001 年发布的《中国儿童发展纲要（2001—2010 年）》提出要培养幼儿对生活中常见的简单标记和文字符号的兴趣，利用图书、绘画和其他多种方式，引发幼儿对图书、阅读和书写的兴趣，培养前阅读和前书写技能，第一次明确地将幼儿的早期阅读要求纳入语言教育目标计划中。而在幼儿的早期阅读中，家庭间的亲子阅读是重要的一环。亲子阅读又叫亲子共读，由孩子、家长、早期阅读材料（图画书等低幼读物）及轻松愉悦的环境组成。亲子阅读既不是以家长为中心的阅读，也不是以孩子为中心的阅读，其内涵是父母与子女相互尊重，共同阅读，一起成长。

作为儿童早期阅读研究的一个分支领域，对亲子阅读特点的研究，不仅对早期阅读研究有参考价值和借鉴意义，更重要的是能为家长提供科学有效的阅读指导，帮助其树立正确的家庭教育观，从而促进儿童阅读习惯的养成。为了解家长对亲子阅读的态度、开展亲子阅读的情况和遇到的问题、家长对公共图书馆的亲子阅读服务诉求及对张家港市公共图书馆亲子阅读服务现状，张家港市少年儿童图书馆委托南京师范大学全民阅读研究中心设计问卷，由张家港市少年儿童图书馆在问卷星上发放问卷，回收有效问卷 13000 多份，是国内针对亲子阅读的调查研究中规模相当大的一次,可以与国民阅读调查中未成长年人的阅读调查相互参照,这对于了解我国亲子阅读整体的图景具有重要的价值和意义。

(二)问卷设计思路

问卷题目设计以亲子阅读及公共图书馆的早期阅读服务为核心,共设计了 37 道题,主要涉及了 6 个方面的内容:被调查者(家长及其孩子)的个人情况,对亲子阅读的看法,选择阅读材料的倾向,亲子阅读的具体开展情况,亲子阅读中遇到的困难,亲子阅读中对公共图书馆的利用与需求情况,等等。

二、调查结果统计分析

本次调查由张家港市少年儿童图书馆采取线上发放电子问卷的形式,最终回收有效问卷13578份。

(一)调查样本的基本情况

1. 地域分布

根据所采集到的数据观察,大部分数据分布在江苏省,其中77.10%的样本数据来源于江苏苏州(张家港市属于苏州),本地样本居多,外地样本中来源最多的是南京,占17.26%。省外数据总计不超过2.00%,其中大部分来源于安徽、浙江、上海等邻近省市。

2. 参与调查者的基本情况

在填写问卷的13578位家长中,父代占比98.28%,祖代占比1.09%。其中,母亲参与问卷调查的最多,有10135人,占比74.64%,侧面反映出家庭亲子阅读的主力为妈妈,隔代参与亲子阅读活动中的家庭占比较少。其中,69.78%的家长年龄在31—40岁;其次分别是年龄在21—30岁和41—50岁的家长,分别占比17.12%和11.74%。从所接受的文化教育程度来看,高中及以下学历占比最多(44.93%);其次是专科学历和本科学历,合计占比五成以上(53.4%);研究生及以上学历的则比较少。

这里,我们可以看到,对于亲子阅读的高度重视与积极开展以父母为主力军,之前有不少研究提到对亲子阅读的重视与家长所接受的教育程度呈正相关,从本次调查中,会发现亲子阅读的重要性得到大多数家长的认同,观念认同与行为开展人数均呈现增长趋势,说明亲子阅读、早期阅读的开展深入人心。

3. 孩子的基本情况

接受调查的孩子男女比例为1.157:1,性别分布合理,二孩家庭占到8.29%

以上，二孩家庭的阅读问题值得受到一定重视。在年龄分布上，6岁以上的孩子最多，占比62.87%；6岁以下的婴幼儿里，3—6岁的居多，占比35.58%；3岁以下的婴幼儿相对较少，共计110人，占比仅1.54%，其中2—3岁的有111人，1—2岁的59人，0—1岁只有40人。由此可见，本次问卷调查的填答者以学龄儿童家长为大多数，反映出这个年龄段较学前阶段可能更为关心阅读问题。学龄前儿童的阅读也日益受到关注，从年龄段上看，3—6岁开始，不少家庭的亲子阅读已经积极开展了。

（二）家长对于亲子阅读的态度

1. 家长和孩子对于亲子阅读的态度

有97.46%的家长认为亲子阅读重要，其中，68.97%的家长认为亲子阅读非常重要。可见，绝大多数家长对于与孩子进行亲子阅读的重视程度较高。56.37%的孩子在家里喜欢阅读，其中，17.6%的孩子非常喜欢在家里阅读。

2. 家长对孩子进行亲子阅读年龄的认识

近2/3的家长认为应该在孩子3岁以前就进行亲子阅读，其中22.87%的家长认为应该等孩子2岁后再开展亲子阅读；14.05%的家长认为在孩子1—2岁应开展亲子阅读；认为孩子不满1周岁或是胎教时就可进行亲子阅读的较少，分别占比9.29%和11.21%。虽然家长们对于应当从何时开始亲子阅读的认识各不相同，但从总体趋势来看，越来越多的家长认为学前就应该开展早期阅读，早期阅读中非常重要的形式也就是亲子阅读。

3. 家长对于传统阅读和电子阅读的态度

49.28%的家长认为在孩子年幼的时候尽量不要接触电子阅读产品，42.81%的家长表示每种阅读方式都可以接受，另有7.91%的家长认为电子书、有声读物更方便。这说明电子阅读的普及化、低龄化逐渐被家长接受。之前的研究显示，家长在孩子年幼时期，更倾向于传统阅读方式纸质阅读，而本次调查大样本的数据反映出,超过 50% 的家长(51.72%)表示可以接受各种阅读方式,另有 7.91% 的家长认为电子书、有声读物等阅读方式更方便,更容易接受。由此可见,随着家长的年轻化与数据应用场景的不断丰富,年轻家长们更能够接受电子阅读、有声读物等多种类型的阅读形式。

4. 家长对于图书馆志愿服务的态度

有 85.68% 的家长愿意参与图书馆志愿服务,其中,42.01% 的家长表示出强烈意愿,只有不足 5%(4.99%)的家长明确表述不愿意参加图书馆志愿服务。这组数据充分展现了家长们对加入图书馆志愿服务的热情,尤其是关于孩子们的亲子阅读活动。由此可见,公共图书馆在阅读推广中所起到的积极作用与树立的良好形象。与此同时,公共图书馆也可以多鼓励、多支持家长们参与图书馆志愿服务,号召家长们建言献策或是招募家长志愿者,给予家长们更多的参与机会,正向强化家长们的参与意愿。

(三)亲子阅读开展情况

1. 亲子阅读开展情况(时段、时长、地点、频次)

有 79.53% 的家庭开展过亲子阅读,13.25% 的家庭准备开展亲子阅读,仅有 7.22% 的家长没有进行过亲子阅读,可见调查对象中亲子阅读的开展率较高。与我国国民阅读调查的数据相互比对,2019 年我国 0—8 岁儿童家庭中,平时有陪孩子读书习惯的家庭占 70.00%,2018 年国民阅读调查中此项数据是 68.70%。因此,本次调查的数据超过全国平均水平,有过陪伴孩子进行亲子阅读活动经验的家庭接近 80.00%,另有 13.25% 的家庭准备开展亲子阅读活动,因此张家港地区的全民阅读的推广工作推动有力。

约半数(47.52%)的家庭一般在晚上(入睡前)开展亲子阅读;受工作、生活因素的影响,超三成的家庭开展亲子阅读的时间不固定(随时开展),因此入睡前在卧室开展亲子阅读也成为大多数家庭的选择。70.36% 的家庭选择在卧室开展亲子阅读，约 1/4 的家庭在书房开展亲子阅读。值得关注的是，通过交叉分析，妈妈们（73.53%）最喜欢在卧室展开亲子阅读，祖代更倾向在书房、图书馆、绘本馆等地开展亲子阅读。

2. 亲子阅读开展频次、阅读时长、阅读量

从亲子阅读开展频率的数据来看，大多数家庭（75.2%）每周能开展 1 次以上的亲子阅读，其中有 18.54% 的家庭能坚持每天进行亲子阅读，有将近半数家庭（41.88%）每周能进行 2—3 次亲子阅读。

从亲子阅读时长的数据来看，有 71.82% 的家庭每次亲子阅读的时间在 10 分钟以上，这对于儿童的专注力而言已经是一个比较理想的数字，另有 11.11% 家庭的亲子阅读时间每次超过 30 分钟，孩子对于亲子阅读的喜爱，家长对于亲子阅读的引导可以说都是优异的表现。每次花 10 分钟以上的亲子阅读活动，长此以往坚持下去将对儿童培养阅读习惯、提高阅读技能，形成阅读策略有积极的影响。

反复阅读是儿童的学习方式，在反复多次阅读的过程中，可以加深孩子对阅读材料的多元理解与复杂认知，而且同一本书在不同的年龄阶段也会有不同的理解，有利于儿童多角度了解阅读材料中的多元内涵。从同一本书的阅读频次数上来看，尊重儿童在反复中学习的认知规律，大部分的家长都表现得很有耐心，有 82.05% 的家长愿意跟孩子一起阅读同一本书 2 遍以上，愿意读 5 遍以上的超过 15.00%，愿意读 2—5 遍的占比 66.42%，愿意读 5—10 遍的占比 10.17%，愿意读 10 遍以上的占比 5.46%。

从亲子阅读的月平均阅读量看，在 5 本以下的占 52.27%；5—10 本的占 35.62%；10—20 本的占 8.09%；20 本以上的占 4.03%。对比国民阅读调查中未成年人图书阅读量的分析发现，2019 年中国 14—17 周岁青少年课外图书的阅

读量最大，为 12.79 本，较 2018 年的 11.56 本增加了 1.23 本。9—13 周岁少年儿童人均图书阅读量为 9.33 本，略低于 2018 年的 9.49 本；0—8 周岁儿童人均图书阅读量为 9.54 本，比 2018 年的 7.10 本增加了 2.44 本。

数据显示，47.74% 的参与家庭每月进行亲子阅读的图书超过 5 本，更有 4.03% 的家庭每月亲子阅读量超过 20 本，换算成年，将近半数家庭亲子阅读量每年超过 60 本，数量远超全国 0—8 周岁人均图书阅读量的平均数量。这与地方经济形势、全民阅读观念推广、当地教育风气、家庭对于阅读的态度、绘本等儿童阅读材料内容篇幅短小等多重因素都有关联。

3. 亲子阅读的具体操作情况

关于亲子阅读的目的，家长选择最多的 5 项（排序）依次是：培养孩子的阅读兴趣，养成良好的阅读习惯，增加孩子的知识储备，提高孩子的语言表达能力，提高孩子的阅读理解能力。我们可以看到，开发智力、早期识字已经不再成为早期阅读的首选目标，增进亲子间的感情，形成安全的依恋关系这样的心理层面的目的开始得到重视，亲子阅读中亲子关系的促进、阅读层面中兴趣的培养成为家长关心的目的，可以说，随着早期阅读、亲子阅读的观念培育，社会各阶层对于亲子阅读的理解也开始悄悄发生变化。进行亲子阅读的目的不再仅集中于认知层面，为学校教育打基础，也涉及阅读的亲子体验，培养阅读兴趣，对未来孩子阅读习惯的建设等，总之更加关注儿童成长及心理层面。

关于亲子阅读的方法，65.7% 的家长会联系生活就书中的内容及时提问；64.96% 的家长会寻机表扬、鼓励孩子；超过半数的家长（54.3%）会要求孩子复述，模仿故事情节，与孩子分角色扮演故事中的人物，根据阅读内容与孩子玩游戏。由此，我们观察到家长们在亲子阅读中对阅读策略的使用，提问、鼓励、模仿及角色扮演是家长们常用的亲子阅读策略，在故事讲述中会采用改变语音、语调等形式。在阅读反馈环节中相对简单，多采用复述、出示答案等方式，仅有

28.61% 的家长会采用创编情节等创造性反馈来进行效果检核，这也凸显了家长们对亲子阅读开展策略与进行的具体指导，也是未来亲子阅读服务的重中之重。

（四）家长对儿童读物的选择

作为亲子阅读的阅读材料，绘本仍然是亲子阅读读物的首选，85.79% 的家长会购买绘本。超过半数的家长会购买绘本、识字卡片、诗词、科普百科供儿童阅读。儿童思维以无意注意和形象思维为主要形式，简单有趣、色彩鲜明且大众化的事物更能引起他们的无意注意，绘本符合上述特征，而且情节性强，图画符合儿童兴趣，绘本内容比较形象生动，容易理解，符合儿童形象以思维为主的思维方式，因此更容易吸引儿童的注意力。在阅读过程中，儿童与家长都能感受到乐趣，因此绘本成为首选，又在情理之中。

有超过半数的家长购买儿童读物时会结合老师的建议（63.58%）、身边朋友的建议（47.02%），可见身边有影响力的人的建议影响超过媒体（26.68%）的影响，人际传播的影响力更强。而孩子自身的兴趣和家长自己的判断更成为选择的关键因素。结合前文所述，问卷的填答者多数为母亲，为孩子选书的决策权多掌握在家庭中的母亲手中。在对图书本身因素的考量中，94.65% 的家长在购买儿童读物时会考虑内容题材；67.45% 的家长会考虑材质是否安全环保；不到三成的家长会考虑作者、出版社、装帧设计、是否获奖等附加因素，由此可见，"内容为王"、材质的安全性在儿童读物的销售上是重要因素。

调查显示，家庭儿童读物数量 10 册以下占 23.43%，10—30 册占 37.45%，30—50 册占 17.03%，50 册以上占 22.09%。绝大部分家庭（97.6%）会通过购买的途径获取儿童读物，这对儿童出版物市场来说意义重大。大部分的家庭（64.2%）每年购买儿童读物支出的金额集中在 100—500 元。值得注意的是，32.47% 的家长会选择图书馆借阅，这一数字超过了亲友馈赠与朋友之间转借，公共图书馆的使用成为家庭亲子阅读的有力支撑。

(五)家长在亲子阅读中遇到的问题

有半数以上(52.74%)的家长都认为在亲子阅读中有困扰;有42.64%的家长觉得没有时间提前准备及无法回答孩子提出的问题是很大的困难;还有18.82%家长觉得自己无法为孩子提供安全可靠的阅读环境,从而导致亲子阅读开展受阻。

专注力问题是大部分家长在亲子阅读活动中所看到的反馈。有45.64%的家长认为孩子专注力差,难以安坐;还有15.59%的家长认为孩子对阅读没兴趣,其表现也往往是因为孩子所表现出来的专注力差,比较容易使得家长感到气馁。

在讨论亲子阅读中的困难与问题时,注意力不够集中是家长普遍关心的问题。其中,有35.68%的孩子能做到注意力比较集中,9.85%的孩子能做到非常集中。而对孩子的专注力表现不太满意的占到54.47%,可见家长对于亲子阅读中孩子专注力的忧虑之深。

以上这些都表明,家长们对于自我提升的要求。他们渴望阅读环境的创设、自身文化素养提升、亲子阅读策略与技巧的掌握,同时认为这些要素会影响亲子阅读的效果。

(六)亲子阅读中的公共图书馆利用情况

1. 使用情况

近六成家长心目中亲子阅读的首选场所是家庭,占比高达59.39%,这与儿童的成长发育特点相关,同时也兼顾了操作便利性。家庭是儿童最熟悉的地方,具有安全感,家长在私人空间中也更为放松,便于开展各种亲子阅读活动。值得注意的是,有31.3%的家长选择将公共图书馆作为进行亲子阅读的最理想场所,这一比例大大高于我们的预期;书店、早教机构及社区,分别占比5.19%、2.84%和0.52%,这充分说明了公共图书馆在亲子阅读中所肩负的重要作用,其公益性、专业性、高行动力都得到了民众的高度认可。同时，我们也看到，社区在亲子阅读中的作用没有被充分发挥，为未来的亲子阅读发展预留了空间。

在儿童的公共图书馆使用率方面，有59.7%的家长表示曾经带孩子去过公共图书馆，因为调查对象低龄化，到馆率令人满意。

通过调查"您没有带孩子去公共图书馆的原因"发现，影响儿童使用图书馆的原因是多样的，排在第一位和第二位的分别是"离家距离远"和"没有时间"，两者占比相差无几，分别为32.63%和32.07%。这主要是因为亲子阅读需要家长陪同，但大部分家长都是上班族，且本次调查中的乡镇样本较多，所以相较而言，距离远的问题就更加突出。离家距离远是客观原因，没有时间是主观原因，认为"图书馆没有合适的活动"的家长为12.59%，这是图书馆自身活动设置的问题。可见，家长的主观+客观原因与图书馆的活动设置影响着儿童读者的到馆率。因此，中心馆+社区馆模式、多年龄段丰富活动的设置的转变会相应提高儿童读者的到馆率。

2. 在公共图书馆进行亲子阅读体验

家长们认为，公共图书馆开展亲子阅读的最大优势首先是其丰富的馆藏资源，其次是舒适的阅读环境，分别有84.39%、83.82%的家长认可这两点。67.91%的家长还体验过图书馆多样化的活动，同时，图书馆馆员的专业服务也令54.18%的家长倾心。

家长希望图书馆为孩子提供多样化的亲子阅读活动，"多多益善"，有51.1%的家长希望公共图书馆举办活动的频率能提升到1周1次，甚至更频繁；其次是希望2周1次和1月1次，分别占比26.5%和16.8%。分析结果表明，各公共图书馆如果想满足家长们亲子阅读的需求，需要配备充足的儿童阅读资源，创设出良好的阅览空间，提供多年段丰富的亲子阅读活动，为家长创造愉快的亲子阅读体验。馆员的专业度仍有待提升，尤其儿童图书馆服务人员的知识结构需要扩充，要加强儿童教育、心理学、表达与展示等多方面的专业知识的培训。这是一个难点，同时也是公共图书馆硬核空间之外的软实力，是吸引家长们关注度的重要因素。

在家长"希望公共图书馆为孩子提供哪些服务"的调查中，家长对公共图书馆的期望最多的是"阅读指导"，此要求与家长认为自己在和孩子进行亲子阅读时遇到最多的问题是没掌握正确的阅读技巧相吻合；随后依次为"图书馆参观""讲故事""少儿展览""读书会""文化志愿服务""公益培训""知识竞赛""讲座"等，说明大部分家长希望公共图书馆为孩子提供的服务以体验性为主。因此，公共图书馆在设计阅读推广活动时间，针对孩子们要特别关注体验性，可以组织丰富多样的活动，并多加入互动或者亲自参与的环节，提升体验感。同时，在对孩子进行阅读指导时，注意专业力量的加入。

3. 对公共图书馆开展亲子阅读的建议

在接受问卷调查的家长中，有 82.32% 认为公共图书馆最应该开展的亲子阅读服务是设立亲子阅读活动区。因为设立亲子阅读专区可以大大提升阅读体验感。这样不仅可以为儿童营造一个舒适宽敞的阅读环境，还可以避免儿童因为活泼好动而对其他成人读者产生干扰。其次是丰富儿童读物馆藏资源（73.58%）和定期举办亲子主题活动（70.83%），都有七成以上的家长表示认同。这些不仅需要大量资金的投入，关键还在于公共图书馆的专业素养与服务热情。

值得注意的是，超过一半的家长认为公共图书馆应该发放阅读包，尤其是亲子阅读段，家长们更需要得到来自图书馆的专业支持与资源。英国、美国等国家的公共图书馆的阅读包计划已实施多年，国内的公共图书馆近年也开始为 0—3 岁的婴幼儿发放阅读包，如苏州图书馆、深圳图书馆等，提高了婴幼儿群体的图书馆利用率。此外，还有近半数的家长表示图书馆需要经常举办家长培训活动，因为他们觉得自己在亲子阅读时没掌握正确的阅读技巧。另外，希望公共图书馆开展延伸服务进家庭的家长（37.95%）数量也不容小觑，这也是未来低龄段读者或者社区公共图书馆服务的大势所趋。

在"您觉得公共图书馆应该与哪些社会机构开展亲子阅读相关合作"的问题中，得票率最高的是教育培训机构（75.73%）。博物馆等其他文化机构也得到了65.05%的家长支持。接下来依次是"志愿者组织""文明办""媒体机构""团市委、妇联等""医院"，由此可见，公共图书馆在加强亲子阅读指导服务的同时，还应加大与培训机构、文化机构及其他组织合作的力度，进一步拓展服务范围。

4. 公共图书馆开展儿童早期阅读服务的情况

家长们认为，公共图书馆开展儿童早期阅读服务的最大困难是"专门服务区域建设不完善"，51.5%的家长都有此体会，说明半数以上的家长对公共图书馆阅读服务区域存在不满，公共图书馆须建设用于低幼读者的阅读空间，完善专门服务区域服务。这与家长认为公共图书馆最应该开展的亲子阅读服务是设立亲子阅读专区的需求一致。因此，低幼读者的专门阅读空间的建设是大多数家长读者的需求。因为婴幼儿缺乏自理能力，对陪伴的依赖感强，而且亲子阅读多半需要朗读，对阅读环境有特别需要，同时，低幼读者对阅读空间的色彩、安全性、书架及阅读桌椅的尺寸都有特殊需求，阅读氛围要求温馨舒适，功能性要求多（比如母婴哺乳需求），这些都对公共图书馆开展亲子阅读服务提出了多元化的要求。

其次是"服务宣传效果不佳"（42.78%）及"缺乏专业性理论指导"（38.8%）。接下来依次为"没有创新性活动点子""人力资源紧缺""对婴幼儿心理和生理不了解""资金障碍"等。由此可以看出，图书馆人员专业素养与工作能力的提升迫在眉睫。扎实的专业理论指导、专业素养的多元结构是公共图书馆推动亲子阅读活动的核心能力。对于阅读推广活动也不能仅满足于简单地做活动、拍照片、写材料,而是要把服务做扎实,把宣传做到位,能让活动信息多渠道发布,参加亲子阅读活动的成员有反馈、有所得。而人力不足、资金方面的问题,多数家长并不特别关注。

家长们希望从公共图书馆得到的早期阅读方面的服务,主要分布在对孩子的服务和对家长的服务两个层面。对孩子的服务,有84.84%的家长选择了"阅读兴趣启蒙",82.03%的家长选择了"阅读专注度和耐心练习",70.48%的家长选择了"培养阅读参与度",与前面的结果相呼应。在早期阅读中,培养孩子的阅读兴趣、阅读专注度、参与度既是家长们特别关心的事项,也是公共图书馆未来服务的主要阵地。早期阅读中的婴幼儿读者年龄小,生理和心智都在快速发育,要求亲子共同参与阅读,对家长提出了进一步的要求。从调查结果可知,常规的书目推荐(54.57%)、家长讲读技巧培训(60.66%)仍是过半数的家长们的需求,公共图书馆可以根据这些明确的需求来进行专项服务计划的制订。

后 记

本书即将付梓。我相信,这应该是第一部对张家港市少儿阅读服务进行系统研究的著作。这期间,我曾反复问自己,要不要把理想变为现实。最终,还是决定成就自己。

北京语言大学的张丽老师说:"这就是职业理想。"

我十分赞同她的观点。大凡对文字有点感觉的人,都想通过一段记录来表述职业生涯中的过往。因为这意味着一个阶段的结束和一个新的开始。

我也何尝不是这种心态?

本书中记录的大都是张家港市的少儿阅读推广情况。无论是地域,还是内容本身,都有一定的局限性。再加上本人能力有限,本书也难免存在疏漏和欠妥之处。但是,这完全不妨碍大家从最简单的文字中读取到一个城市公共图书馆事业的快速发展,领略到一个城市全民阅读的蓬勃壮大。

从2001年开始,我们亲历、见证、参与了张家港市图书馆的两次易地搬迁,张家港市少儿图书馆的从无到有,24小时图书馆驿站的永不打烊,镇(办事处)分馆、村(社区)图书室的全面覆盖,《张家港市书香城市建设指标体系(试行)》的创新出台。同时,我也真真切切看到了市民书房的高颜值文艺范,全市各单位全民阅读活动的精彩纷呈,全体民间阅读推广人(组织)、领读者的热情参与……这就是一个城市最美的阅读风景。

　　何其有幸，在阅读推广的道路上遇到一群志同道合、富有情怀、自带光芒的人。缪建新先生就是其中一位。他是全市乃至全国在全民阅读推广中很具有发言权的一位，十分感谢缪建新先生把我们领进了全民阅读推广的书香大门，让一代又一代图书馆人受益匪浅。李忠影女士，她的一系列全民阅读的创新金点子、新思路如同一盏盏明灯，鼓励着大家积极投身到共建、共享、共参与的全民阅读实践中去。图书馆的早晨，是从"奔跑"开始的。由此，我们读懂了徐牡丹女士对图书馆事业的一份热爱和执着。南京师范大学全民阅读研究中心的万宇博士，不仅仅是项目的鼎力合作者，更是全心全意致力张家港市全民阅读的推动者。特别是，她获悉本书即将出版，还倾心写了序言，用她独有的热情支持着我们的职业理想。在此，一并致以最诚挚的感谢！

　　帆已扬起，昂首阔步，笑颜不改。

　　人生须在简单和从容中，走向下一征程。

　　以为后记。

徐梦华

2024 年 12 月